글 | 엘린 켈지 박사
해마의 뱃속에 있던 조개도 먹어 보았고, 비비의 오줌에도 맞아본 적이 있는 해양생물학자이자 환경운동가예요. 캐나다의 로열로드 대학교 환경과지속가능성학부에서 학생들을 가르치며, 환경과 관련한 국제 프로젝트를 진행하고 있어요. 『거인을 바라보다』, 『해달 구하기』를 비롯한 여러 권의 책을 썼어요. 가족과 함께 하나의 지구를 위한 삶을 살기 위해 노력하고 있어요.

그림 | 클레이튼 핸머
일러스트레이터이자 만화작가예요. 유머와 재치가 넘치는 독창적인 그림으로 아이들뿐 아니라 어른들에게도 사랑받고 있어요. 〈뉴욕타임즈〉, 〈내셔널 지오그래피〉 등의 여러 잡지와 책에 그림을 그렸고, 많은 상을 탔어요. 캐나타의 토론토에서 살고 있어요.

옮김 | 장미란
고려대학교 영어교육학과를 졸업하고, 어린이책 전문기획실 〈햇살과나무꾼〉에서 번역가로 일했습니다. 지금은 프리랜서 번역가로 활동 중입니다. 옮긴 책으로는 『엄마 말 안 들으면 흰긴수염고래 데려온다』, 『폭풍우가 몰려와요』, 『터널』, 『동물원』, 『마디바의 마법』, 『올리비아』 등이 있습니다.

NOT YOUR TYPICAL BOOK ABOUT THE ENVIRONMENT

by Elin Kelsey, illustrated by Clayton Hanmer

Copyright ⓒ 2010 Elin Kelsey

Illustrations ⓒ 2010 Clayton Hanmer

All rights reserved.
This Korean edition was published by Dasan Publishers House in 2011
by arrangement with Owlkids Books Inc. through KCC (Korea Copyright Center Inc.), Seoul.
이 책은 (주)한국저작권센터(KCC)를 통한 저작권자와의 독점계약으로 다산기획에서 출간되었습니다.
저작권법에 의해 한국 내에서 보호를 받는 저작물이므로 무단전재와 복제를 금합니다.

지구환경탐구생활

초판 발행 2011년 11월 8일 **2판 발행** 2012년 6월 15일

글 엘린 켈지 **그림** 클레이튼 핸머 **옮김** 장미란

펴낸이 진선희   **펴낸곳** 도서출판 다산기획
등록 제313-1993-103호   **주소** (121-841) 서울 마포구 서교동 451-2
전화 02-337-0764 **전송** 0505-115-0764
ISBN 978-89-7938-060-6 73530

* 잘못 만들어진 책은 바꿔 드립니다.

경고합니다!

이 책은 지금까지 보아온 그렇고 그런 환경책이 아니랍니다!

이 책은 지금 지구의 상태가 암울하고 미래가 어둡다는 이야기만 잔뜩 늘어놓는 환경책이 아니에요. 여러분이나 어린 동생, 또는 이웃 사람들 때문에 기후 변화가 일어났다고 비난하지도 않고요.

손대볼 엄두도 나지 않는 엄청난 문제들을 들이밀지도 않을 거예요. 그래요, '멸종'이라는 단어는 거의 쓰지 않았어요. 오히려 이 책을 읽으면 희망을 느낄 수 있을 거예요. 어쩌면 행복해질 수도 있고요.

농담 아냐? 행복이라고?
읽으면 행복해지는 환경책이라니!
대체 누구 머리에서 나온 거야?

나는 이 책을 쓴 엘린이에요.

지구를 사랑하는 모든 이에게 위로와 희망을 주고 싶어서 책을 썼어요.
바다에서 수영하는 것이나 첫눈처럼 단순한 것에서 놀라운 아이디어들을 찾아내는
짜릿한 기쁨에 이르기까지, 이 지구에서 사는 일은 경이로움으로 가득 차 있답니다.
하지만 요즘은 어딜 보나 지구의 앞날이 암담하다는 이야기들뿐이에요.
그래서 희망이 담긴 환경책을 쓰고 싶었지요.

음……, 환경책들이 들려주는 온갖 비관적인 전망들은 절반만 보기 때문에 나온 거예요. 우리는 자연에게 피해를 끼치는 존재가 아니에요. 우리 자신이 바로 자연이지요. 상상도 못할 방식들로 이 드넓은 세계와 우리는 연결되어 있답니다. 베개 속 깃털들은 중국에서 자란 오리의 가슴털일 수도 있어요. 봉제인형 안에 든 스펀지는 지구 깊숙이 묻혀 있던 4억 년 된 아주 작은 동식물의 사체로 만들었지요. 우리가 숨 쉬는 공기에는 아주 작은 곤충들, 씨앗들, 10만 종 이상의 꽃식물의 꽃가루로 우글거리지요.

이렇게 서로 연결되어 있다는 것은 우리한테 힘이 있다는 뜻이기도 해요.

어떤 힘일까요? 바로 선택할 수 있는 힘이지요! 무엇을 입을지, 학교에 어떻게 갈지, 무엇을 먹을지 선택할 수 있어요. 우리가 선택할 수 있는 삶의 방식은 무한합니다. 행복 연구가들에 따르면(믿어지지 않겠지만, 무엇이 우리를 행복하게 만드는지 연구하는 사람들이에요!), 이런 선택이 우리와 다른 사람들, 지구의 수많은 동식물을 훨씬 더 행복하게 만들 수 있대요. 이 책을 읽으면 우리가 좋아하는 비디오게임이 아프리카 고릴라들의 삶과 어떻게 연결되어 있는지, 플라스틱 병이 어떻게 편안한 모자와 티셔츠로 변하는지, 또 자전거가 뒤뜰에서 어떻게 자랄 수 있는지 알게 될 거예요. 이 모든 것은 우리가 이 세계를 어떻게 상상하는지에 달려 있답니다.

자, 우리와 지구 사이에 있는
모든 것의 놀라운 관계를 탐색할 준비가 되었나요?
책장을 넘기세요!

자, 학교 갈 시간이 되었어요.
당장 따뜻한 침대에서 빠져나와
옷장을 활짝 열어 보세요.

아니, 이게 어떻게 된 거지? 청바지와 티셔츠가 걸려 있던 옷장에 토끼 꼬리처럼 폭신폭신한 하얀 섬유 뭉치들이 널려 있어요! 이건 또 뭐지? 양말 서랍 바닥에는 미끈거리고 걸쭉한 기름이 고여 있고, 옷걸이에선 뭔가 뚝뚝 떨어지네요. 옷은 다 어디로 갔을까요?

우리가 입는 옷은 한때 살아 있던 생물에게서 온 거예요. 티셔츠와 청바지는 인도나 미국 남부에서 목화씨를 심을 때로 거슬러 올라가요. 양말, 수영복, 셔츠, 폭신폭신한 잠옷, 재킷은 선사시대의 바다에서 헤엄치던 아주 작은 수생생물에서 나온 원자를 담고 있어요. 생물과 쇼핑몰 사이에 무슨 일이 있었던 걸까요? 미생물들은 죽은 뒤 진흙에 묻히고 점점 퇴적되고 요리되어 지구 속 깊숙이 묻힌 석유가 돼요. 수억 년 뒤 우리는 이 '검은 황금'을 땅 위로 뽑아내 정유공장에 보내요. 거기서 아크릴이나 폴리에스테르 같은 합성섬유 재료가 만들어지지요. 오늘날 지구상의 섬유 절반은 석유 계열의 화학물질로 만든 것입니다.

해마다 사람들은 1조 원의 돈을 옷에 써요. 그 돈의 3분의 2 이상은 미국과 캐나다, 서부 유럽 사람들이 쓰지요. 이들은 세계 인구에서 아주 적은 부분을 차지해요. 우리도 부모님이 어렸을 때 가졌던 옷보다 훨씬 많은 옷을 가지고 있을 거예요. 친구들 하나하나가 일 년 동안 산 옷의 무게를 달아 평균을 내 보면 다 자란 골든리트리버의 몸무게와 맞먹을 거예요. 유행은 더 빠르게 바뀌고, 새 옷을 사라고 유혹하는 소리는 어떤 시절보다 더 커요. 우리가 하루에 보는 광고는 우리 할아버지와 할머니가 평생 동안 본 광고보다 더 많아요!

하지만 싸구려 패스트푸드가 몸에 좋지 않듯이 싸구려 패스트패션 역시 지구에 좋지 않아요. 잠깐 입고 버릴 옷 때문에 지구가 보충할 수 있는 속도보다 더 빠르게 원료를 집어삼키고, 결코 대체할 수 없는 석유를 꿀꺽꿀꺽 마셔 버리지요. 게다가 옷을 싸게 만들기 위해 작업 환경의 안전을 소홀히 하거나, 원료를 키우고 생산하는 사람들에게 아주 적은 임금을 주고 일을 시키기도 해요. 옷이 만들어지기까지 작물-섬유-공장-운송-도매업자-가게 등 무척 많은 단계가 있어 우리는 그런 모습까지 볼 수가 없어요. 그저 새 셔츠를 살 뿐이지요.

이런 사실을 알게 되니, 아예 옷을 입지 말까 하는 생각이 드나요? 잠깐! 옷을 벗어던지기 전에 알아두어야 할 것이 또 있어요. 전 세계의 전문가들은 보다 안전하고 건강한 섬유 재료를 발명해내고 있어요. 그리고 입지 않는 옷을 우리가 전혀 상상하지 못했던 방식으로 바꾸고 있답니다!
그러니 편안한 옷을 걸치고 책장을 넘겨보세요.

옷이 목마르다고?

내 옷장을 유행에 뒤떨어지지 않으면서도
친환경적으로 바꿀 방법이 있을까요?

옷을 살 때 멋진 디자인, 색깔, 편안함, 가격 같은 것은 고민하지만, 그 옷이 얼마나 물을 마시는지는 생각해보지 않았을 거예요. 하지만 우리가 좋아하는 옷 대부분은 무척 많은 물이 필요해요.

해마다 지구에서 팔리는 티셔츠는 25억 벌이나 돼요. 합성섬유와 달리 순면 티셔츠와 청바지의 섬유는 제조하는 게 아니라 키워요. 면을 뽑아내는 목화는 최대의 수확을 얻기 위해 집약적으로 재배해요. 목화는 물이 많이 드는 작물이에요.

티셔츠 단 한 장을 만드는 데 쓸 목화를 키우기 위해서는 120리터짜리 욕조 25개가 필요해요. 또 무거운 기계들을 움직이고 비료를 만드는 데 석유도 많이 들어요. 게다가 해충과 생쥐, 그 밖의 동물들이 해를 끼치지 않도록 어마어마하게 많은 화학 살충제를 쓰는데, 거기에도 무척 많은 석유가 필요해요.

완벽한 티셔츠 만들기 대회

디자이너들은 되도록 지구에 해를 끼치지 않는 재료로 완벽한 티셔츠를 만드는 대회를 개최했어요. 여러분은 어떤 셔츠를 고를 건가요? 대회 참가자들을 만나보아요!

1번 도전자 대나무 티셔츠

대나무는 책의 콩나무처럼 농약 없이도 3~4년 만에 쑥쑥 자랍니다. 목화보다 물을 훨씬 적게 사용하고 가뭄도 잘 이겨내요.

그러나 대나무를 부드러운 티셔츠로 바꾸는 과정에서 끔찍한 유독 화학물질을 많이 사용해요.

2번 도전자 대마 티셔츠

삼도 아주 빨리 자라요. 목화보다 물이나 토지를 훨씬 적게 사용해요.

그러나 대마가 마약의 원료 중 하나라서 키우면 안 된다는 사람이 많아요. 실제로 캐나다, 유럽 일부 지역, 중국, 인도 등은 산업용 대마를 경작하는 것이 합법이지만, 몇몇 나라들과 미국의 일부 주에선 불법입니다.

3번 도전자 유기농 면 티셔츠

유기농 목화는 물을 끌어다 쓰지 않고 비로 키우므로 대규모로 키우는 목화보다 물을 덜 써요. 유기농 농부들은 비료를 주거나 해충을 막기 위해 식물이나 광물 같은 천연 재료에서 뽑아낸 화학물질만을 쓰지요. 유기농법은 농작물을 해마다 돌려짓기로 심는데, 토양을 비옥하게 만들고 새와 벌을 비롯한 동물들에게 서식지를 제공해요.

그러나 유기농 목화의 수확량이 적기 때문에 양을 늘리기 위해서는 자연 서식지를 더 많이 파괴하기도 해요. 게다가 값도 비싸고요. 유기농법이라도 살충제를 전혀 쓰지 않는 것은 아니고, 자연 화학물질 가운데도 유독한 것이 많아요.

4번 도전자 헌 옷

헌 옷 가게에서 좀 낡은 티셔츠를 사는 것은 새 티셔츠를 만드는 데 드는 비용까지 줄이는 완벽한 방법이에요. 이미 만들어진 티셔츠니까요! 게다가 값도 싸고 독특하고 멋지기까지 하지요.

그러나 이럴 땐 어쩌죠? "새 티셔츠 입고 싶단 말이야!"

우리 옷장은 환경과 얼마나 친한가요?

좀 헐렁하고 환경과 친한 옷장으로 만드는 것은 그다지 어렵지 않아요. 여러분은 이미 생각보다 많은 것을 실천하고 있을 거예요. 아래 항목들에서 해본 것이 몇 가지나 되나요?

- 물려받은 옷이나 중고로 산 옷이 있다.
- 일 년 이상 입은 옷들이 있다.
- 가끔 입는 스키복이나 스노클은 사지 않고 빌려 쓴다.
- 옷을 한 번 입고 빨지 않는다.
- 빨래를 건조기로 말리지 않고 빨랫줄에 넌다.
- 친환경 섬유로 만든 옷이 있다.
- 수선해서 입은 옷이 있다.
- 밖에서 놀면서 옷이 더러워지기도 한다.
- 얼룩 졌거나 헤진 옷은 헌옷수거함에 기증한다.

환경을 덜 괴롭히면서 옷을 깨끗이 하는 법

세탁기가 쓰는 전력의 대부분은 물을 데우는 데 써요. 빨래할 때 물 온도를 냉수에 맞추면 온 세계가 혜택을 누려요. 북아메리카에 사는 사람들이 찬물로 빨래하면, 해마다 1000만 대의 자동차가 내뿜는 양과 맞먹는 탄소 배출량을 줄일 수 있어요.

어떤 도시에서는 보기에 좋지 않다고 빨랫줄을 밖에다 걸지 못하게 했어요. 오늘날에는 빨래를 바깥에 널어서 말릴 수 있게 해서 탄소의 배출을 줄이고 있어요.

안녕, 에너지 잡아먹는 빨래 건조기여!

여기저기에서 친환경 섬유들이 자라요!

초록의 매력

얼마 전까지만 해도 친환경 패션이라고 하면, 유기농 면으로 만든 요가 바지나 축 늘어진 삼베 셔츠를 떠올렸어요. 하지만 요즘은 소수의 디자이너들뿐 아니라 베르사체, 디젤, 스텔라 매카트니 같은 유명 브랜드에서도 초록의 화려함을 선보이고 있어요. 대나무 같은 친환경 자연섬유나 펄프와 재생지로 만든 부드러운 섬유인 리오셀을 많이 써요.

폭신폭신 깃털섬유, 보들보들 볏짚섬유

패션쇼를 보면서 화학자를 떠올리진 않겠죠? 하지만 최근에 폭발적으로 늘어나는 새 친환경 섬유의 대부분을 화학자들이 만들어요. 독을 적게 뿜어내는 합성섬유와 면을 재활용하는 방법을 찾으려고 애쓰다가 뜻밖의 재료로 섬유를 만들기도 하지요. 미국의 한 연구팀은 닭의 깃털로 모직과 비슷한 섬유를 만들고, 볏짚으로 면과 비슷한 촉감과 형태를 가진 섬유를 만드는 기술을 개발했어요. 해마다 전 세계의 양계장에서 나오는 수백만 톤의 닭털과 수확하고 남은 볏짚으로 섬유를 만드는 신기술은 황금 알을 낳는 거위가 될 거예요.

비행기 의자는 맛있어!

콩, 바나나, 죽순, 채소 등으로 만든 친환경 섬유는 먹을 수도 있겠죠? 실제로 루프트한자 비행기의 좌석 섬유 가운데는 먹을 수 있는 것이 있어요. 이 놀라운 섬유는 스위스 정부가 비행기 좌석 섬유의 자투리들에 위험한 화학물질이 너무 많다며 그것을 유해 폐기물로 지정하겠다고 고집하면서 개발되었어요.
로너섬유회사는 유해 폐기물을 비싸게 처리하거나, 환경보호와 보건 기준이 까다롭지 않은 나라로 이전하는 덜 윤리적인 방법 대신 제3의 길을 찾았어요. 아예 독성이 없는 친환경 섬유를 만든 것이죠!
그러기 위해선 원재료의 공급처부터 공장을 운영하는 방식까지 많은 것을 바꾸어야 했지만 아주 성공적이었어요. 공장으로 들어온 물은 생산 과정을 거치고 나갈 때 더 깨끗하다고 하네요! 새 섬유를 음식으로 만든 것은 아니지만 먹어도 될 만큼 안전해요.

탐구만화 ①

해달은 생선튀김과 무슨 관계가 있을까?

냉장고 속 음식과 패션의 역사는 무슨 관계가 있을까요?
어떤지 알아봅시다!

1700년대~1800년대 부자들은 모피 모자를 썼고, 옷깃과 소맷부리가 화려한 것을 좋아했어요.

1750년대~1800년대 해달을 잡으러 모피 상인들은 북아메리카의 서부 해안으로 몰려들었어요.

1800년대~1900년대 모피 상인들은 엄청난 돈을 벌었지만, 해달은 30만 마리에서 2000마리로 줄었어요.

1911년 해달 사냥을 금지하는 국제조약을 맺었어요. 모피는 유행에서 멀어졌어요.

해달은 캐나다와 미국, 러시아의 서식지로 서서히 돌아왔어요.

오늘날 해달은 다시마와 미역 등을 먹고 사는 성게와 다른 무척추동물들을 잡아먹기 때문에 바닷속은 해조 숲으로 무성해집니다.

해조 숲은 알에서 깬 어린 물고기들의 보금자리가 돼요.

어린 물고기들은 점점 자라서 대구 같은 큰 물고기의 먹이가 돼요.

어부들은 대구를 잡아요.

대구와 다른 생선들은 생선튀김이 되어 냉장고 속으로 들어가요.

대구 같은 생선을 마구잡이로 잡는 것은 바다표범이나 바다사자의 먹이가 줄어드는 걸 뜻해요. 이들의 수가 줄면, 범고래가 해달을 잡아먹기 시작해요.

하지만 대구와 해달을 도와줄 방법을 우리는 알아요.

생선튀김을 만들 수 있는 큰 생선 대신 언제까지나 계속 먹을 수 있는 작은 생선들을 선택하는 거지요!!

그런 생선은 바다가 있는 한 계속 잡을 수 있어요. 해달과 범고래가 건강하게 살아갈 수도 있고요!

해산물 저녁 식사에 해달을 초대하세요. 모피 모자는 절대로 쓰지 말고요!

내가 마신 음료수 병이 옷이 된다고?

계산해 봅시다!

어디서나 흔히 볼 수 있는 플라스틱 병에는 탄산음료부터 과일주스, 물, 세제까지 온갖 것들이 담겨 있어요. 이 플라스틱 병들은 재활용이 가능해요. 우리가 입은 옷 중에도 예전에 누군가가 마신 주스 병이었던 것이 있어요! 함께 수학 문제를 풀어볼까요?

플라스틱 병 25개 = 플리스 재킷 1벌

플라스틱 병들은 폴리에스테르 플리스 재킷이 될 수 있어요. 탄산음료수 병처럼 합성섬유도 본질은 플라스틱이고, 석유를 원료로 한 중합체로 만든 거예요. 중합체란 마치 줄에 꿴 구슬처럼 작은 분자들이 반복되어 연결된 화합물이에요. 플라스틱 병으로 옷을 만들려면, 우선 병을 잘게 잘라 씻어서 말린 다음 녹여요. 녹은 플라스틱을 쥐어짜면 긴 줄 같은 섬유가 되고, 그것을 자아서 짜면 포근한 플리스 재킷이 만들어지지요.

낡은 플리스 재킷 1벌 + 플라스틱 병 3~4개 = 새 플리스 재킷 1벌

플리스의 장점은 입다가 낡으면 새 옷으로 재활용할 수 있다는 거예요. 재활용섬유를 생산하는 섬유회사가 점점 늘어나고 있어요. 그러니 입고 있던 플리스 재킷이 너무 낡아서 동생에게 물려주기도 힘들면 재활용 가게에 갖다 주세요. 그러면 헌 플리스 재킷을 기본 폴리에스테르로 돌려놓은 뒤 새 재료와 다시 섞어 합성섬유를 만들겠죠. 짠! 새 플리스 재킷이에요.

한 유명한 영국의 슈퍼마켓에선 비닐봉지, 음식 포장 용기, 심지어 대부분 버리는 고기 포장재로 셔츠, 바지, 치마를 최초로 만들어냈어요! 정말 놀랍죠?

플리스 재킷 150벌은 석유 1배럴(159리터)을 절약해요.

북아메리카대륙에서 나오는 모든 플라스틱 병의 4분의 1만 재활용되어도 무척 좋겠어요. 우리가 플라스틱 병 하나를 재활용함에 넣을 때마다 원유에서 플라스틱을 만들어내는 데 필요한 에너지, 쓰레기, 오염, 온실가스의 양을 줄이는 거예요. 석유는 재생 불가능한 자원이기 때문에 재활용은 무척 중요해요. 나무는 씨앗에서 다시 자라날 수 있지만, 석유는 한 번 고갈되면 영원히 쓸 수 없어요.

물고기와 바다거북이 고맙다고 인사하네요!

천 가방을 들고 장을 보면 해양 동물들한테 이로워요. 왜일까요? 바다로 흘러 들어갈 비닐봉지 하나가 줄어드니까요. 통째로든 조각으로든요. 플라스틱 제조사는 해마다 너들이라는 지름 5밀리미터 이하의 작은 플라스틱 알갱이 2억 6000만 톤을 세계 각지의 공장으로 실어 보내요. 콩만큼 가볍고 작은 너들은 화물선 컨테이너에서 빠져나와 바다로 쉽게 날아가요. 불행히도 물고기와 바다새들은 종종 그 플라스틱 알갱이들이 플랑크톤이나 물고기 알인 줄 알고 삼켜요. 안타깝게도 플라스틱 알갱이로 배가 가득 차서 다른 먹이를 먹지 못하고 굶어 죽는 새들과 물고기가 많답니다.

비닐봉지, 안 돼요!

우리가 비닐봉지를 받지 않겠다고 말하는 것만으로도 큰 힘이 돼요. 우리나라와 대만, 방글라데시, 아일랜드, 태국 등 전 세계에서 재활용이 어려운 비닐봉지에 세금을 매기거나 사용을 금지하는 나라가 늘고 있지요. 2008년에는 중국 정부가 모든 상점에서 비닐봉지를 공짜로 주는 것을 금지했어요. 일 년 동안 중국의 13억 인구가 4억 개의 비닐봉지를 덜 써서, 160만 톤의 석유를 절약할 수 있었지요.

이게 다 쓰레기였다고?

쓰레기의 환골탈태! 쓰레기도 멋지게 활용할 수 있다!

쓰레기로 새로운 물건을 만들어내는 재활용 산업이 전 세계에서 생겨나고 있어요. 음식물 쓰레기나 헌 옷, 심지어 동물 부산물이든 간에 더 이상 필요하지 않은 온갖 것들로 놀라운 물건들을 만들어내요. **한 번 보세요!**

코코넛 껍질 = 토양 침식을 막는 그물
(필리핀)

연어 껍질 = 비키니수영복
(칠레)

청바지 = 주택 단열재
(미국)

돼지 오줌 = 플라스틱 접시
(덴마크)

낡은 운동화로 축구장을 만들자!

가장 좋아하는 운동화가 더 이상 신기 어려울 정도로 낡고 냄새난다면, 나이키의 신발 재활용 사업에 기부해 보는 건 어떨까요. 나이키는 어떤 상표이든 상관없이 헌 운동화를 모으기 시작해서 지금까지 2200만 켤레를 재활용했어요.

운동화는 세 부분으로 잘린 다음 여러 과정을 거치지요. 밑창에서 고무가, 중간창에서 발포체가, 신발 윗부분에서 섬유가 나왔어요. 고무는 축구장을 만드는 데 쓰이고, 발포체는 테니스장에 쓰여요. 섬유는 농구장 나무 바닥 밑에 충전물로 깔았어요.

이 즐거운 장소들을 만드는 데 몇 켤레의 운동화가 필요했을까요?

- 농구 경기장 : 2500켤레
- 테니스 경기장 : 2500켤레
- 축구 경기장 전체 : 5만~7만 5000켤레
- 육상 트랙 : 7만 5000켤레
- 운동장 : 2500켤레

비닐봉지 = 철도 침목
(영국)

비닐 게시판 = 가방
(콜롬비아)

친환경 / 신상품 / 핸드백

음식물 쓰레기 = 퇴비
(전 세계)

모래 = 진주
(진짜로요. 바다에 사는 굴은 오래전부터 모래알로 진주를 만들고 있었어요!)

좋아좋아!

어머, 설마!

17

자연은 천재!

자연은 오랜 세월을 통해
검증된 지혜를 가지고 있어요!
풀기 어려운 문제를 만났을 때,
자연이라면 이럴 때 어떻게 할까?
하고 생각해 보세요.

생체모방이 뭐예요?

생체모방이란 자연의 지혜를 이용하여 인간의 문제를 해결하는 거예요. '자연은 어떻게 할까?' 하고 질문을 던져보는 거지요. 인간이 지구에서 지속가능한 삶을 향해 가는 길은 힘들어 보이지만, 지구를 공유하는 500만에서 1억 종의 생명체들은 오랜 세월을 통해 검증된 지혜로 우리를 도와줄 거예요.

숲을 보면 무엇이 보이나요? 풍성한 나무? 무엇엔가 쓰일 목재? 이제 쓰레기에 대한 생각을 완전히 바꿀 때가 되었어요. 지금까지는 쓸모가 없어지면 쓰레기통에 버릴 제품들을 만들었지만, 이제는 낡은 부분을 활용해 새로운 물건을 만드는 회사가 점점 늘고 있어요. 쓰레기에 대한 생각을 완전히 바꾼 행동이죠.

이것도 사실은 자연에서 빌려온 아이디어예요. 나무가 죽으면 분해되어 흙이 되고, 이 흙은 새로운 어린 나무를 키워내는 자양분이 되는 것처럼 헌 물건이 새로운 물건을 위한 원료가 되지요.

자연이 가르쳐준 대로 디자인해 볼까? 먼저 밖으로 나가자!

자연이 어떻게 움직이는지 보려고 먼 곳으로 여행할 필요는 없어요. 뒤뜰에 나가 생명체들이 아주 작은 서식지에서도 얼마나 정교하게 적응하며 살아가는지 직접 두 눈으로 보세요. 지구에서 지속적으로 살아가기 위해 필요한 해결책들이 바로 우리 눈앞에 있는 경우가 많아요. 늘 그랬죠. 이미 많은 제품이 자연을 모방해서 만들었어요. 북극곰의 발에서 영감을 받은 러닝화, 식물의 가시를 보고 만든 벨크로(찍찍이)는 대표적인 예이지요. 이 외에 또 어떤 것들이 있을까요?

고기능 비단섬유

데이비드 나이트 박사와 프리츠 볼라스 박사(옥스퍼드 대학)는 열이나 독이 있는 화학물질을 쓰지 않고도 거미줄을 만드는 거미의 능력을 흉내냈어요. 스파이더렉스라고 부르는 새로운 물질은 놀랍도록 질겨서 의료용품이나 구조요원들이 입는 보호복을 만드는 데 쓰일 거예요.

광합성하는 태양열전지

데벤스 구스트 박사와 토마스와 애너 무어 박사 부부(애리조나 주립대학)는 나뭇잎들이 에너지를 얻는 방법을 연구하여 아주 작은 태양열전지 속에 에너지를 만들고 저장할 수 있는 인공 광합성 체계를 만들었어요.

스스로 씻는 옷

빌헬름 바르트로트 박사(식물의 생물다양성니즈연구소)와 동료들은 더러움을 몰아내는 연잎의 능력을 모방하여 스스로 씻어내는 스마트섬유와 물감을 만들었어요. 섬유 표면에 물이 닿으면 구슬 같은 물방울이 맺혀서 먼지를 물방울과 함께 떨어뜨려요.

몸속 접착제

홍합은 세찬 파도에도 버틸 만큼 강한 접착단백질을 내뿜어 바위에 붙어 있어요. 차형준 박사(포스텍)팀은 사람 몸속의 축축한 곳에도 붙을 수 있는 의료용 접착제를 만들려고 놀라운 접착력을 가진 홍합의 족사를 연구했어요. 결국 사람의 몸에 안전한 생체접착제를 개발했지요.

도마뱀붙이 발반창고

제프리 카프 박사(브리감 여성병원)는 도마뱀붙이 발바닥 강모를 흉내 내 붕대를 만들었어요. 전자현미경으로 보아야 할 만큼 작은 강모 수백만 개가 한데 모여 있는 도마뱀붙이의 발바닥은 어떤 표면에도 찰싹 달라붙을 수 있어요. 이 붕대는 아주 작은 수백만 개의 돌기로 뒤덮여서, 상처를 꿰매지 않고 봉합할 수 있어요.

자연 치료제

새브리나 크리프 박사(파리국립자연사박물관)와 동료들은 우간다의 침팬지들이 아침마다 어떤 나뭇잎을 흙과 섞어서 먹는 모습을 관찰했어요. 그것이 치명적인 말라리아로부터 사람을 지키는 데 효과가 있는 걸 발견했지요.

전문가를 만나볼까요!

브리오니 슈언
미국생체모방연구소

브리오니는 짐바브웨에서 자랐어요. 부모님은 브리오니와 함께 자주 숲으로 가서 야생동식물을 관찰했어요. 성인이 된 브리오니는 환경보호단체에서 일하며 삼림 파괴를 막고, 유독성 화학물질의 사용을 금지하는 운동을 했지요. 그러다가 사람들에게 무엇을 하면 안 되는지 금지하는 것보다는 무엇을 하는 게 좋은지 알려주는 것이 훨씬 더 사람들을 고무시키는 걸 알았어요.
그때 친구인 재닌 베니어스가 〈생체모방 : 자연에서 영감을 얻는 혁신〉이라는 책을 쓰고 생체모방연구소를 만들었어요. 브리오니는 이것이 바로 자신이 하고 싶은 일인 걸 깨달았어요.

다가올 10년을 위한 브리오니의 조언
상자 속에 갇히지 마라!

공부를 계속할수록 더 전문가가 돼요. 하지만 좁은 분야의 전문가가 되기 쉬워요. 기술자가 수학과 물리학만 계속 공부하는 경향이 있는 것처럼요. 브리오니는 아이들이 어른이 되었을 때 어떤 일을 하고 싶던 간에, 미술과 생물은 계속 공부해야 한다고 믿어요. 이제는 아주 많은 대학이나 회사, 디자인학교들이 자연에서 배우는 것이 좋다는 걸 알아요.
'자연이라면 이 문제를 어떻게 할까?' 하고 물을 줄 아는 사람이 늘어나는 것은 분명 좋은 일이겠죠.

으으음…… 초코칩 쿠키.
쿠키 굽는 냄새가 온 집 안에 풍기면
배가 꼬르륵거리죠.

잠깐만요! 집에서 만든 쿠키라고 해서 재료들도 모두 집에서 키운 건 아니죠? 섞고 만들고 오븐에서 굽기 전에 그 재료들은 얼마나 멀리서 온 걸까요? 알고 보면 집에서 만든 아주 소박한 초코칩 쿠키도 우리 입에 들어가기까지 아주 먼 길을 왔어요.

9000년 전쯤에 인간은 사냥과 수렵 생활에서 벗어나 가축을 기르고 씨를 뿌리기 시작했어요. 농업이 시작되자 식량을 얻는 방법이 바뀌었지요.

귀신고래는 먹이를 찾아 자기가 태어난 곳에서 북극까지 헤엄쳐 가요. 이 길이는 거의 2만 킬로미터로 올림픽 수영경기장 32만 개를 늘어놓은 것과 같아요. 하지만 사람은 먹을 것이 상점까지 올 거라고 생각하고 거의 움직이지 않아요.

우리가 매일 먹는 음식의 대부분은 키우고 가공하고 포장하여 운송하는 데 어마어마한 화석 연료가 필요해요. 게다가 우리는 제철이 아닌 음식을 먹는 데도 익숙해요. 한겨울에도 바나나와 오렌지, 딸기를 먹잖아요. 이런 음식은 아주 멀리 떨어진, 기후가 다른 나라에서 와야 하는 것이지요.

초코칩 쿠키도 마찬가지예요. 집에서 굽지만, 쿠키를 만드는 데 쓰이는 바닐라는 마다가스카르에서, 설탕은 브라질에서, 초콜릿은 서아프리카의 카카오에서 온 걸 거예요. 그러니까 음식이 이동한 거리, 즉 푸드 마일이 아주 길어요.

어떤 기자는 한 끼에 쓰는 연료의 양이 얼마나 될까 궁금했어요. 그래서 오트밀과 냉동 라즈베리, 공정무역 커피 한 잔을 아침으로 일주일 동안 먹는 데 필요한 석유의 양을 계산했어요. 결과는 어땠을까요? 2리터나 되었죠! 그 기름을 자동차에 넣으면, 일주일 동안 가까운 곳의 볼일을 볼 수 있어요.

우리가 먹는 식사에는 보통 다섯 나라에서 온 재료가 들어 있어요. 식료품이 어디서 재배되고 어떻게 오는지는 우리와 이 지구에 함께 살고 있는 다른 동물에게 중요한 문제예요. 바로 그 때문에 육지 표면의 3분의 1 이상에 작물을 심고, 소와 다른 동물이 풀을 뜯어요. 세상의 도시들을 모두 합쳐도 육지 표면의 겨우 3퍼센트에 지나지 않는 것과 비교하면 참 놀랍죠?

바로 여기에 중요한 사실이 숨어 있어요. 여러분과 나, 지구에 사는 약 60억이나 되는 사람을 지구가 지탱할 수 있는 방식으로 먹여 살릴 수 있는 새로운 아이디어들이 속속 등장하고 있어요. 그 아이디어들을 한데 모아 충분한 식량과 건강하고 행복한 세계를 만들어내는 것이 진짜 과제예요. 불가능할 것 같은가요? 한번 살펴 보아요.

내가 먹는 음식을 위한 전투

그릇에 담긴 음식을 보세요.
이 음식들은 어떻게
여기까지 왔을까요?
음식 재료를 키우는
가장 좋은 방법은
어떤 것일까요?

우리가 음식에 대해 질문하면, 농부아저씨보다는 과학자나 경제학자가 대답하는 경우가 더 많아요. 왜냐하면 세계 농업의 대부분이 산업화된 농업이기 때문이에요. 작은 토지에서 더 많은 식량을 더 싼 값에 생산하기 위해 과학과 기술을 이용하는 농업이지요.
하지만 많은 사람은 산업화된 농업 방식이 지구와 우리 건강에 나쁜 영향을 미칠지 모른다고 걱정해요. 유기농법과 지역 농산물을 더 좋아하고요. 그래서 우리가 식량을 얻는 방식 때문에 큰 전투가 벌어지기도 하지요.
여러분은 어느 쪽을 응원하나요?

거대농장만이 전 세계 사람을 먹여 살릴 수 있다!

대장 : 실험실

슈퍼마켓에서 파는 식품의 대부분을 책임지는 거대농장들은 딱 한 가지나 두세 가지 작물만 재배해요. 석유로 만든 살충제와 비료는 농작물을 해충으로부터 보호하고 빨리 자라게 하지요. 실험실에서는 빵과 토마토, 아침식사용 시리얼에서 샐러드드레싱까지 거의 모든 식품 재료를 공급하기 위해 연구하며, 유전자가 변형된 작물들을 만들어내기도 해요.

거대농장의 장점

작은 토지에서 더 많은 식량을 싼 값에 생산하는 산업화된 농업은 야생으로 남아 있는 지역들이 개간되는 것을 막아주기도 해요. 많은 사람은 농업의 산업화가 빠르게 증가하는 인구를 먹여 살릴 수 있는 유일한 방법이라고 믿어요.

거대농장의 단점

모두가 거대농장을 좋아하진 않아요. 지속가능한 농업에 찬성하는 이들은 산업화한 거대농장이 화석연료를 너무 많이 쓰고, 물도 무척 많이 사용해 비옥했던 땅도 사막으로 만든다고 비판해요. 살충제와 화학비료는 물을 오염시키고, 개구리와 새와 물고기와 다른 동물들을 죽이지요.

농업의 산업화는 영웅일까, 악당일까?

식량 생산을 늘리는 것에는 많은 문제가 복잡하게 얽혀 있어요. 새로운 지도를 보면 지구에서 비옥한 토지가 빠르게 사라지고 있지요. 동시에 세계 인구는 쉴 새 없이 늘어나고요! 그렇다면 높은 수확량을 자랑하는 농업의 산업화는 영웅일까요, 아니면 화학물질과 물을 지나치게 낭비하는 악

대 다른 생명들과 함께 살 수 있는 농업이 우리의 살길이다!

대장 : 새로운 농부들

흙과 물, 공기와 다른 종에게도 좋은 농업 방식을 여기저기서 시도하고 있어요. 생물다양성을 존중하는 목장 주인들은 수확을 최대로 늘리고, 약한 야생동식물을 보호하기 위한 계획에 따라 소 떼가 초지를 교대로 돌아다니게 해요.

아프리카에 있는 니제르의 사헬 지역을 찍은 인공위성 사진을 30년 전과 비교해 보면, 오늘날이 훨씬 더 푸른 것을 알 수 있어요. 어린 나무들을 잘 보살피고, 나무 주위에서 땅콩과 콩과 기장을 심을 때 조심했던 가난한 농부들 덕분에 지금은 수백만 그루의 나무가 잘 자라고 있어요.

살아 있는 나무에서 가지를 베어 팔아서 돈도 벌어요. 나무뿌리가 물을 머금고 있어 홍수가 나거나 농사를 망치는 걸 막아주어요. 숲은 겨울마다 먹이를 찾아 니제르로 돌아오는 철새들 85종이 살아갈 터전도 되어 주었지요. 사막이었던 곳에 푸른 오아시스가 흐르고 있어요.

모두에게 충분하다!

농업의 산업화를 주장하는 사람들은 유기농법이나 지속가능한 농업 방식이 부분적으로는 괜찮을지 모르지만 세계를 먹여 살릴 만큼의 식량을 생산할 수는 없다고 주장해요. 하지만 다양한 규모의 농장에서 각 지역에 맞는 여러 종류의 식량을 키운다면, 모두에게 필요한 물과 토양 생태계를 보호하면서도 충분한 식량을 얻을 수 있다고 주장하지요.

당일까요? 진짜 문제는 이것이 좋으냐 나쁘냐가 아니에요. 대신 우리는 여러 방식의 농업을 창조적으로 결합하여, 충분한 식량을 생산하면서도 화석연료의 사용을 줄이고 물과 토양의 질을 개선하고 야생동식물과 야생의 땅을 보존해야 해요.

암호를 풀어라!

농업과 관련된 말들을 알아보아요!

농업 이야기에는 알기 어려운 말들이 많지요? 무슨 뜻인지 알아볼까요?

유기농 유기농은 화학비료나 농약을 쓰지 않고 농사를 짓는 방법을 말해요. 식물이나 광물이나 다른 자연에서 나온 화학물질은 사용할 수 있지만요. 유기농 방식으로 생산된 식품은, 동물은 땅을 비옥하게 하고 땅은 식물에게 영양을 준다는 단순한 원칙을 따라서 생산된 것들이에요.

지역농산물 우리가 사는 공동체나 지역에서, 대개는 160킬로미터 안에서 생산된 식료품을 뜻해요. 로컬푸드라고도 해요.

생물다양성 특정한 지역에 있는 종과 서식지의 다양성을 뜻하는 말이에요. 예를 들어, 아마존 열대우림은 수많은 종의 동식물이 살고 있기 때문에 생물다양성이 아주 높은 곳이지요. 밭 언저리에 나무를 촘촘히 심어서 새나 곤충들이 살 수 있게 하는 것도 생물다양성 농업의 한 방식이에요.

지속가능한 농업 현재나 미래 세대의 환경과 건강 또는 생활 방식을 파괴하지 않고 작물을 생산하려는 농업이에요. 가뭄이나 토양 침식, 주기적으로 흉작을 일으키는 방법으로 높은 생산량을 이루는 것은 지속가능한 농업 방식이 아니에요.

수확 일정한 기간 동안 정해진 단위에서 생산된 농작물량을 말해요.

도시 농업, 식물 빌딩

대도시에서 식량을 스스로 키울 수 있다면 멋지지 않을까요? 보기보다 터무니없는 상상은 아니에요!

그래요, 직접 길러 먹는다면 마을들 줄일 수 있어요. 하지만 지구의 인구 절반 이상이 그렇듯 우리가 번잡한 도시에 산다면 과연 그것이 가능할까요?

걱정 마세요. 도시 농업은 최신 유행이며, 생각지도 않았던 곳에서 속속 등장하고 있어요. 공터와 옥상, 베란다에서 자라고 있어요. 기차가 다니지 않는 철길과 마당에는 사과, 복숭아, 자두가 꽃을 피우고요.

영국의 런던에선 게릴라 정원사들이 해마다 함께 모여 도시의 넓은 도로 한가운데 있는 교통 전지대에 심어놓은 라벤더를 수확해요. 어느 곳이나 도시 정원으로 바뀔 수 있어요.

지붕 위의 토마토, 담장의 완두콩

땅이 아닌 건물에서도 식물을 키울 수 있어요! 개나다 몬트리올의 맥길 대학교에서는 학생들과 자원봉사자들이 학교 옥상에 채소를 심었어요. 수확한 채소들로 도시 빈곤 지역에 훨씬이나 노인들에게 급식 서비스를 하고 있어요. 열기구를 타고 도시의 건물 위를 지나다 보면 식물들이 자라는 들판에 벌들이 윙윙거리며 돌아다니는 광경을 보게 될 거예요. 이미 독일과 스위스, 네덜란드 등 많은 국가에선 흙과 식물로 뒤덮인 초록 지붕을 흔히 볼 수 있어요. 스페인 마드리드의 카이사포룸 박물관 벽에는 250종 1만 5000가지 식물이 자라고 있어요.

14층에서 자라는 호박

도시 농업에서 가장 큰 과제는 틈인 공간을 찾는 일이에요. 도시의 주택도 마찬가지예요. 많은 사람이 좁은 땅에서도 살 수 있게끔 높은 빌딩을 짓잖아요. 기술 공학자들은 이런 원리를 농업에도 적용해요. 높이 솟은 식물 빌딩은 곧 우리가 사는 도시에도 올 거예요. 일 년 내내 농작물을 제공할지도 몰라요. 위로 올라가는 수직농장은 옆으로 펼쳐진 농장보다 훨씬 적은 땅을 차지해요. 과학자들은 뉴욕 시의 한 블록 크기로 30층짜리 농장 건물을 디자인했는데, 이 농장에서는 1년에 5만 명을 먹여 살릴 수 있는 농수산물을 생산할 수 있다고 해요!

오랑우탄의 최초의 수직농부

사실, 이 수직농장은 수백만 년 동안 계속되어 왔어요. 야생에 사는 오랑우탄은 동남아시아의 열대우림 지역을 천천히 이동해요. 실컷 먹고 나서 통을 누면 다음 세대의 나무가 될 씨앗들이 널리 퍼져 나가겠죠?

초콜릿, 새, 열대우림

열대우림의 울창한 지붕은 초콜릿의 재료가 되는 카카오에게 천연의 그늘이 되어줘요. 이곳은 그늘에서 자란다고 늘 광고 초콜릿이라고 하지요. 오늘날에는 햇볕을 가득 받는 대규모 농장이 일반화되면서 농부들은 열대우림을 베어내고, 더 빨리 많은 카카오를 키우기 위해 화학비료를 써요.

나무를 베어내는 것은 기후 변화를 일으킬 뿐 아니라 많은 숲새들이 서식지가 되는 숲을 파괴하는 일이에요. 서식지를 보호하기 위해 기후 변화 과학자들과 새를 사랑하는 사람들은 그늘 경작 초콜릿을 사먹으라고 권하고 있어요.

농사짓는 물고기

남아메리카의 아마존 밀림에서는 물고기가 나무들을 돌보아요! 12월에서 5월까지 아마존 강이 주변 숲에 범람하면, 새들이 날아다니듯 물고기들도 헤엄쳐 다니게 돼요. 나는 곳에 물고기를 먹고 헤엄쳐 다니며 씨앗을 퍼뜨려줘요.

도시 농업은 아름다움을 선물해요

도시 농업은 동식물을 생산하는 것 이상의 역할을 해요. 이산화탄소를 비롯한 온실가스들을 줄여요. 많은 빗물이 지하수로 저장되고 건물이 단열에도 도움을 주어 난방비와 냉방비를 줄이지요. 초록지붕과 식물이 살아 있는 벽은 또한 나비와 딱정벌레, 새와 같은 동물에게 도시에서도 살 수 있는 서식지를 제공해요. 마지막으로 초록지붕과 벽으로 가득한 도시는 훨씬 아름다워 보여요.

채소를 직접 길러 먹어요

물론 거대한 도시를 정원과 숲으로 바꾸는 데는 오랜 시간이 걸리겠지만, 우리는 혼자서 절반 정도는 채소를 직접 기를 수 있어요. 캐나다의 밴쿠버에 토론토에 사는 가정의 절반 정도도 그렇게 하고 있어요. 미국인 4300만 명도 그렇게 하고 있어요. 전 해보다 20퍼센트나 늘었어요. 아파트 베란다에 허브를 심거나 한 칸에 토마토를 키우면서 식물과 더 가까워지고, 어느 곳에 초록 공간이 늘 수 있음을 깨닫게 될 거예요.

내가 바로 지역음식요리사

루크 헤이스 알렉산더

캐나다 온타리오 주 킹스턴의 루크요리학식당

지역농산물을 사랑한 한 소년 이야기

루크는 1990년에 태어났어요. 부모님은 식당을 하셨고요. 루크는 11살 때 요리사가 되기로 결심했어요. 그래서 지역에서 나는 농축산 식료품으로 멋진 식당을 만들기로 마음먹었죠. 부모님은 루크에게 자신들이 아는 것을 모두 가르쳤어요. 루크는 부엌에서 수많은 실험을 했어요. 요리책을 읽고 자신의 요리법을 담은 책을 만들었어요. 15살이 되었을 때, 루크는 루크요리학식당의 주방장이 되었어요.

한겨울에도 지역농산물을 고집한 요리사

루크가 사는 도시는 세계에서 가장 추운 지역 중 하나예요. 그래서 한겨울에 열대과일로 가득한 요리책을 보면서 가진 재료라고는 뿌리채소와 사과밖에 없을 때는 초조했다고 해요.

하지만 루크는 지역에서 나는 농산물을 고집하면서 더욱 창조적인 요리사가 되었어요. 겨울에 설탕당근을 요리할 때는 오래된 로마의 요리법을 끌어왔어요. 향신료 약간, 허브 약간, 치즈 약간, 그리고 꿀과 백포도주. 이 모든 것이 잘 어우러져 맛있는 요리가 되었어요. 설탕당근도 기가 막힌 맛을 낼 수 있네요!.

루크 식당의 메뉴 대부분은 100킬로미터 이내 지역에서 난 재료

처음에는 지역농산물로만 재료를 구하느라 온갖 조사를 해야 했어요. 지금은 재료를 제공하는 농부들과 사용하는 사람들 사이에 거대한 네트워크가 있어 쉽게 구하게 되었지요.

루크의 아침은 매일 지역시장에 가서 장보는 것으로 시작되요. 이 시장은 캐나다에서 가장 오래된 시장 가운데 하나이고, 지역의 작은 농장 30여 곳에서 나온 농산물들을 팔아요. 장을 보고 식당으로 돌아와 그날 음식을 준비해요.

식당이 문을 열면 손님의 주문에 따라 음식을 준비하지요. 저녁에는 다음 날을 위해 깨끗이 청소해요.

그릇 하나에 담긴 전통의 맛과 새로운 맛

루크는 역사와 세계의 여러 문화에서 영감을 얻었어요. 천년 전에는 어떤 음식이 인기 있었는지 알아보는 것을 좋아해요. 아주 오래되었지만 유서 깊은 전통의 맛과 새롭고 색다른 맛을 결합해 보기도 하고요. 그러면 두 시대가 한 그릇에 맛있게 담기겠죠. 루크는 특히 전통 토스카나 양식으로 만든 야생회향소시지를 좋아해요.

루크가 알려준 지역농산물을 먹는 요령

1. 지역농부들이 여는 시장에서 장을 본다.
2. 전화나 인터넷으로 지역농산물을 주문한다. 대부분의 작은 농장들도 훌륭한 웹사이트가 있어서 주문할 수 있다.
3. 여러 지역농장에서 생산된 식재료를 공급받아 집 앞까지 배달해주는 회사를 찾는다.
4. 슈퍼마켓에서 장을 볼 때는 라벨에 표시된 생산지를 보고 되도록 가까운 곳에서 자란 농산물을 고른다.

행복을 만드는 요리

음식이 아무리 흥미롭고 요리법이 아무리 오래된 것이든, 루크가 가장 중요하게 생각하는 점은 사람들을 행복하게 해주는 요리를 만드는 거예요. 손님들이 따뜻한 분위기 속에서 친절한 서비스를 받고, 음식을 아주 맛있게 먹는 것이 루크의 바람이에요. 손님들이 행복하게 먹는 만큼 루크도 요리하는 것이 행복하대요.

제철의 신선한 맛

지역농산물을 먹는 가족이 점점 늘고 있어요. 루크는 그것이 일상생활이 될 거라고 믿어요. 지역농산물을 먹는 것은 더 많은 사람이 계속 농사를 지을 수 있게 해주고, 식료품이 우리 지역 사회를 연결해주는 것도 알게 하지요. 그뿐 아니라 지역농산물은 운송 거리가 짧아 운반되는 동안 이리저리 부딪치지도 않고 제철일 때 먹을 수 있어 맛도 더 좋고 신선해요.
정말이냐고요? 지역농부들이 키운 잘 익은 복숭아를 한 입 베어 먹어 보세요, 정말 맛있어요.

자연의 진정한 가치는 무엇일까요?

숲과 숲이 우리와 환경에게 해주는 일이
진짜로 가치가 있는지 궁금한 적이 있었나요?
이것은 생태경제학이 대답해주는
가장 중요한 질문 가운데 하나입니다.

행성 하나를 팝니다!

우리가 무엇이든 할 수 있는 존재라서 우주를 놓고 벼룩시장을 연다고 상상해 보아요. 자연을 얼마에 팔겠어요? 아니면 열대우림이 우리 회사에서 일한다고 상상해 보아요. 열대우림이 한 일에 월급을 얼마나 줄 거예요? 생태경제학자 한 팀이 자연이 지구에 주는 모든 서비스의 가치를 돈으로 계산해 보았대요. 깨끗한 물, 맑은 공기, 비옥한 토지 등을 모두 포함해서요. 무려 1년에 33조 달러라는 어마어마한 액수가 나왔어요. 다 쓰려면 하루에 100만 달러씩 써도 9000년이 넘게 걸리는 큰돈이지요.

생태경제학이 뭐예요?

한 나라가 지구의 자연의 한계 안에서
돈과 노동력·토지 같은 자원을 이용하여
재화와 용역을 생산하고 구매하고 판매하는
방식을 말합니다.

곤충 가격은 570억 달러 이상!

어떤 벌레는 너무 작아서 우리를 귀찮게 할 때 말고는 생각조차 하지 않아요. 그런데 곤충들이 우리에게 해주는 모든 일에 돈을 내야 한다면 엄청 많이 내야 해요. 최근에 미국의 생태경제학자들이 곤충이 우리에게 무료로 해주는 일의 가치를 따져 보았어요. 곤충은 500억 달러짜리 여가 산업을 지탱해주는 야생생물의 먹이예요. 또 토종 곤충들은 해충을 막아주어 45억 달러 이상의 일을 해요. 농작물의 꽃가루받이를 해주어 열매 맺게 하는데 30억 달러의 일을 하고, 방목지를 청소해서 농장주들이 3억 8000만 달러를 절약하게 해줘요. 우리에게 먹을 음식을 주고 쓰레기를 분해하는 곤충들이 없다면 사람을 비롯한 지구의 생명체는 아마 살기 힘들 거예요.
고마워, 열심히 일하는 곤충들아!

자연은 아주 중요한 자본입니다.

경제학자들은 가치를 지닌 것을 자본이라고 해요. 자전거, 신발, 집처럼 사람이 만든 물건은 물적자본이라고 하지요. 금융자본이란 달러나 유로, 원 같은 실제 돈을 근사하게 부르는 말이고요. 인적자본은 지식과 기술과 건강 같은 자산을 가리켜요. 의사나 교사가 많은 나라는 인적자본이 풍부하다고 하지요.

생태경제학자들은 자연자본에 생각을 집중했어요. 나무나 생선을 팔고 사는 데 드는 비용을 계산하는 것은 그다지 어렵지 않아요. 사실 더 까다로운 것은 지구가 생명을 지탱하기 위해 하는 일의 가치를 측정하는 거예요. 예를 들어 우리가 마시는 수돗물은 습지나 숲을 통과하면서 깨끗해진 물일 수 있어요. 생태과학자들은 정책을 만드는 사람들이 이런 질문에 쉽게 대답할 수 있도록 소프트웨어 시스템과 GIS(지리정보시스템) 지도를 만들어요.

왜 자연을 돈과 숫자로 따져보는 걸까요?

왜 이렇게 자연이 하는 일이 얼마나 가치가 있는지 따지는 걸까요? 생태경제학자들은 숲 하나의 경제 가치는 건물 짓기 위해 태운 숲과 베어 버린 나무의 가치보다 적어도 세 배 이상 높다고 합니다! 전문가들은 돈과 숫자로 가치를 따지고 알리는 것이 자연을 보존하는 좋은 방법 중 하나라고 합니다. 자연을 이용하는 것보다 자연이 그대로 살아 있는 상태가 더 가치 있음을 증명하는 것이지요.

전문가를 만나볼까요!
그레첸 데일리 박사
미국 스탠퍼드 대학교

그레첸은 어릴 때 미국의 캘리포니아 주에서 자랐는데, 늘 밖에서 노는 것을 좋아했어요. 그런데 숲이 점점 파괴되는 것을 걱정하던 시기에 가족과 함께 유럽의 독일로 이민을 갔지요. 독일에선 숲과 호수의 가치를 높이 평가했지만, 이미 산성화되어 가고 있었어요. 사람들은 환경 문제에 대한 해결책을 요구하며 거대한 사회운동에 참여했지요. 그레첸은 그 모습을 보고 생태경제학자가 되었대요.

다음 10년 후는 어떤 모습일까요?

오늘날의 투자가들은 땅에 무엇을 지을지, 무엇을 캐고 무엇을 경작할지를 두고 땅의 가치를 평가해요. 하지만 앞으로 10년 뒤에는 자연의 경제 가치에 따른 결정을 내릴 수 있게 새로운 평가 방법과 시스템이 개발될 거라고 믿어요.

만약 달에서 살아야 한다면 무엇을 챙겨갈 건가요?

아이스크림 제조기? 손전등? 개?
그레첸이 이런 질문을 즐겨 하는 이유는 우리가 지구에 하나부터 열까지 얼마나 의존하고 있는지 보여주기 위해서예요. 지구는 먹을 것과 마실 것, 쉼터, 옷, 즐거움을 줘요. 안정된 기후와 깨끗한 물 같은 기본적인 생명 유지 장치를 제공하고요. 우리가 지구에서 공짜로 얻는 자연자본이 없다면 아무도 살아갈 수 없어요.

우리는 음식을 과일이나 채소, 닭 같은 거라고 생각해요. 하지만 우리가 가장 좋아하는 맛의 대부분은 뜻밖에도 육지와 바다에 사는 야생 식물이나 동물과 관계가 있어요.

아이스크림을 좋아한다면 바다에 건배!

해조 같은 바다 식물들은 지구의 산소를 절반 정도 만들어내요. 김이나 미역은 아시아에 사는 사람들이 먹는 음식에서 많은 부분을 차지하고, 생선회와 같이 먹기도 하지요. 하지만 아이스크림과 치약에 부드러운 질감을 주고 마가린을 굳히고 벽에 바른 페인트가 번지지 않게 해주는 것이 무엇인지 혹시 아나요? 그것은 바로 지구상에서 가장 빨리 자라는 식물 가운데 하나인 다시마예요. 이 거대한 조류는 하루 만에 사람 팔길이만큼 자랄 수 있어요. 워낙 다양한 곳에 쓰임새가 많아 신데렐라 식물이라는 별명이 있을 정도지요.

신데렐라 식물, 다시마

다시마는 맛있다고 생각하지 않았던 식물이 우리가 가장 좋아하는 음식의 많은 부분을 차지하는 걸 보여주는 완벽한 예이에요. 우리가 먹는 젤리, 소스, 비누, 사탕, 화장품 등에서 해조류 성분을 찾아보세요. 그리고 약에서도 알긴이나 카라기난 같은 해조추출물을 쉽게 발견할 수 있어요. 굉장하죠?

해조를 직접 먹지 않아도 수생식물은 여러 방식으로 음식을 도와요. 다시마에겐 규조류라는 아주 작은 단세포 사촌이 있어요. 이 규조류의 세포벽은 이산화규소로 되어 있는데, 사과 주스를 만들 때 이 이산화규소로 뿌연 주스를 맑고 투명하게 거른답니다.

도시락 이야기!

아이스크림엔
무엇이 들어 있을까요?
음, 우리가 무얼 먹고 있는지
알게 되면 깜짝 놀랄걸요!

굼벵이 쿠키, 귀뚜라미 튀김

자, 이제 우리는 해조류를 좋아한다고 인정할 수밖에 없지요? 그렇다면 곤충은 어떤가요? 중앙아프리카에서 친구들과 축구를 한다면, 잠시 쉬는 시간에 건포도나 쿠키 대신 개미나 굼벵이를 간식으로 먹게 될지도 몰라요. 동남아시아에서는 거리 노점상으로 우르르 몰려가 튀긴 귀뚜라미를 사먹겠지요. 이미 100여 나라에서 곤충을 맛있게 먹고 있어요. 최근에는 북아메리카와 유럽에서 가장 유행을 앞서가는 몇몇 식당의 메뉴에도 곤충이 올라 있어요.

곤충 초콜릿

곤충을 먹는 것은 생태발자국을 줄이는 훌륭한 방법이에요. 곤충은 지방이 아주 적고 미네랄과 단백질 함량이 높으며 쇠고기나 돼지고기를 키우는 것보다 훨씬 쉽고 깨끗하고 효율적이고요. 믿을 수 없다고요? 미안하지만 우리가 먹는 음식에서도 곤충을 완전히 없애기란 불가능해요. 정부에서는 소매 식료품에서 허용되는 곤충 부스러기의 양에 대한 지침을 정해 두었어요. 초콜릿은 100그램당 곤충 부스러기는 60개까지 허용되고, 마카로니와 치즈에선 상자당 225개까지 괜찮아요. 해마다 우리는 곤충 부스러기를 1킬로그램 정도 먹어요. 하지만 걱정 마세요. 영양학자들은 건강에 더 좋다고 하네요.

곤충과 물고기에게 고마워해요.

수수께끼 하나. 연못에 사는 물고기는 어떻게 우리에게 음식을 가져다줄까요? 대답했나요? 만약 했다면, 참 잘했어요! 잠자리는 벌과 나비처럼 꽃가루를 나르는 곤충을 많이 잡아먹어요. 하지만 연못에 사는 물고기들은 잠자리 애벌레를 잡아먹지요. 만약 연못에 영양분이 풍부해지거나 영양을 공급하면 물고기 수가 늘어나겠죠. 그 결과, 예상치 못한 일이 벌어져요. 물고기가 많으면 잠자리가 줄고 벌이 더 많아져요. 그러면 꽃가루받이가 더 활발하게 이루어지고, 우리가 먹을 농산물이 더 많이 생산되지요!

초콜릿 애호가들의 작은 영웅

바닷가에서 날벌레한테 물렸을 때, '좋아!' 하는 사람은 아무도 없어요. 물린 곳을 긁으면서 날벌레가 지구에서 가장 빠르게 날갯짓하는 동물(1초에 1000번!)이라는 것에도, 아주 작아서 핀 대가리만하다는 사실에도 별로 놀라지 않아요. 하지만 이런 날벌레들이 카카오의 꽃가루받이를 돕는 걸 알고 있나요? 카카오 열매로 우리가 좋아하는 초콜릿을 만드는 것은 알고 있죠? 날벌레 만세!

발밑을 조심하세요!

다음에 들판에 나가면 거기에 사는 모든 동물을 생각해 보아요. 네모난 보도블록 하나 크기의 땅마다 평균 1만 마리의 곤충이 살아요. 세계에서 가장 오래된 종교 가운데 하나인 인도의 자이나교는 '아힘사'를 중요하게 생각해요. 아힘사란 생명이 있는 어떤 것도 죽이지 않는 걸 말해요. 귀중한 곤충을 우연히라도 밟지 않게 신발 바닥에는 작은 못들이 달려 있어요.

탐구만화 ②

햄버거와 세계 평화와 벌들은 무슨 관계가 있을까?

곤충이 우리를 배부르게 하고 전쟁 지역을 평화롭게 만들 수 있을까요?
여기 대답이 있어요. 믿어지지 않지만요!

수천 년 전 꿀벌의 조상들은 원래 아프리카에 살았어요. 벌들 주위로 내내 돌아다닌 사람들 덕분에 요즘에는 지구 어디서나 벌을 보게 되었어요.

오늘날 우리가 가장 즐겨 찾는 공원에 나타나 즐거운 소풍을 망치기도 하네요. 저리 가!

잠깐만! 이 날개달린 경이로움이 없다면, 쿠키에 든 초콜릿도 소풍 도시락의 대부분도 사라질 거예요. 정말이라니까요.

꽃가루

벌들은 꽃가루를 날라요. 한 꽃의 꽃가루를 다른 꽃의 암술머리에 전하지요. 꽃가루받이를 하지 않으면 꽃식물은 번식할 수 없어요.

우리가 먹는 음식의 세 입 중 한 입은 벌들의 놀라운 꽃가루받이 능력에 달려 있어요. 고기도 포함해서요!

소와 다른 동물들의 먹이가 되는 자주개자리, 토끼풀 등 모든 식물에게 벌들이 꽃가루받이를 해주어요.

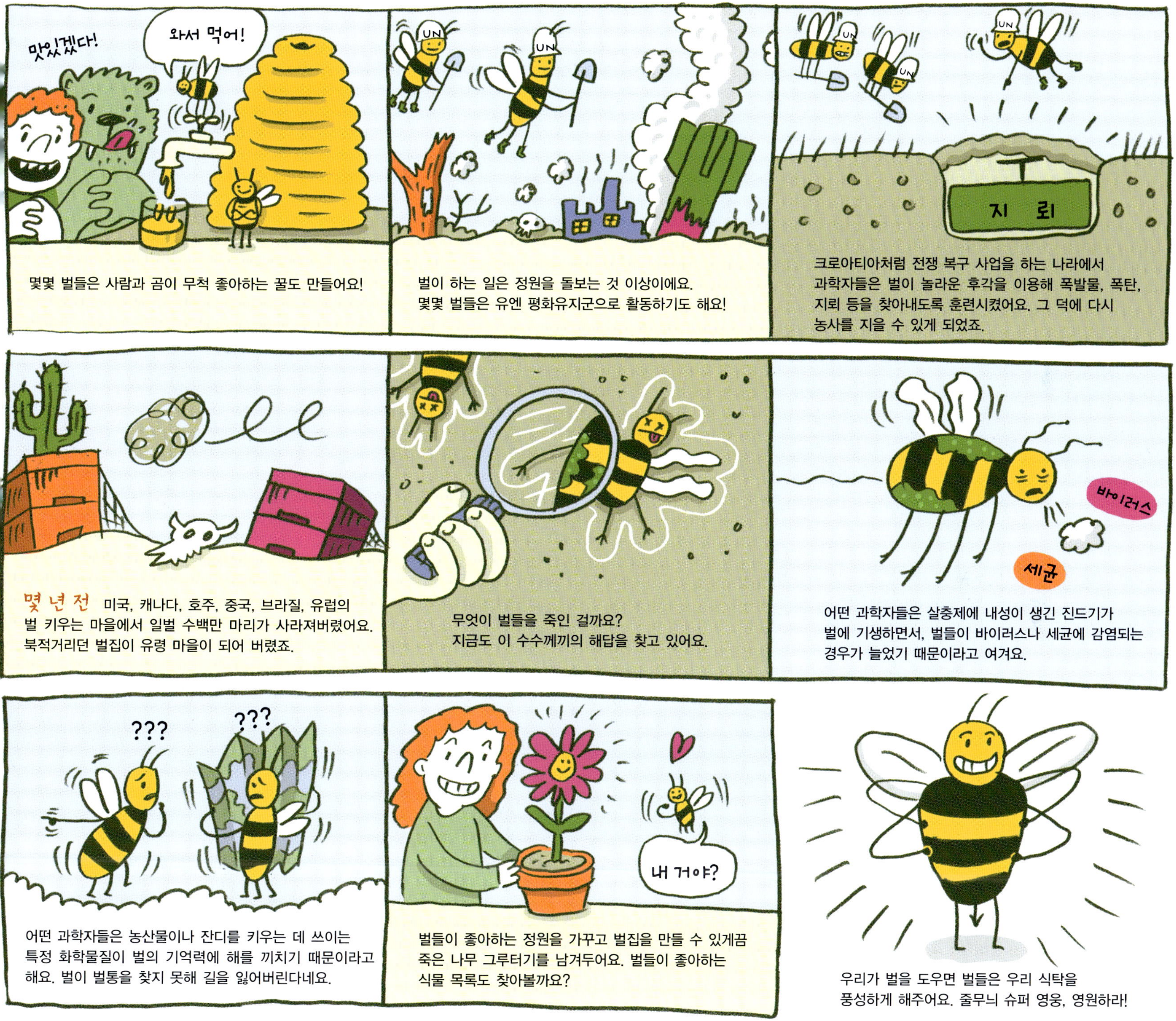

몇몇 벌들은 사람과 곰이 무척 좋아하는 꿀도 만들어요!

벌이 하는 일은 정원을 돌보는 것 이상이에요.
몇몇 벌들은 유엔 평화유지군으로 활동하기도 해요!

크로아티아처럼 전쟁 복구 사업을 하는 나라에서 과학자들은 벌이 놀라운 후각을 이용해 폭발물, 폭탄, 지뢰 등을 찾아내도록 훈련시켰어요. 그 덕에 다시 농사를 지을 수 있게 되었죠.

몇 년 전 미국, 캐나다, 호주, 중국, 브라질, 유럽의 벌 키우는 마을에서 일벌 수백만 마리가 사라져버렸어요. 북적거리던 벌집이 유령 마을이 되어 버렸죠.

무엇이 벌들을 죽인 걸까요?
지금도 이 수수께끼의 해답을 찾고 있어요.

어떤 과학자들은 살충제에 내성이 생긴 진드기가 벌에 기생하면서, 벌들이 바이러스나 세균에 감염되는 경우가 늘었기 때문이라고 여겨요.

어떤 과학자들은 농산물이나 잔디를 키우는 데 쓰이는 특정 화학물질이 벌의 기억력에 해를 끼치기 때문이라고 해요. 벌이 벌통을 찾지 못해 길을 잃어버린다네요.

벌들이 좋아하는 정원을 가꾸고 벌집을 만들 수 있게끔 죽은 나무 그루터기를 남겨두어요. 벌들이 좋아하는 식물 목록도 찾아볼까요?

우리가 벌을 도우면 벌들은 우리 식탁을 풍성하게 해주어요. 줄무늬 슈퍼 영웅, 영원하라!

온 우주에서 가장 귀중한 액체는 무엇일까요?

물!

삑! 심판이 호루라기를 불면 여러분은 비틀거리며 마실 것을 찾아 들판을 달려요. 물, 주스, 스포츠음료……. 선택의 여지가 없다면 동물의 젖이라도 마시겠죠. 우리 몸은 하루에 2리터의 물이 필요해요. 물이 없으면 사흘도 버티지 못해요. 그런데 우리가 쓰는 어마어마한 양의 물은 마시거나 목욕하는 데만 쓰이는 게 아녜요. 식량을 키우는 산업화된 농업에 믿을 수 없을 만큼 많은 물이 쓰여요.

한 사람이 하루에 먹는 음식을 생산하기 위해서는 적어도 2000리터의 물이 필요해요. 사실 농사를 짓는 데는 많은 물이 필요하고, 지구에서 끌어 쓰는 담수의 70퍼센트 이상을 농사에 써요. 이제 물을 아껴 쓰고 보존하는 방식으로 식량을 키울 때가 되었다고 많은 사람이 이야기해요.

우주에도 물이 있을까?

우주를 연구하는 천문학자들은 우주에서 생명의 흔적을 찾기 위해 물을 추적해요. 물은 광대한 성간 먼지구름에서 화성의 붉은 들판에 이르기까지 어디서나 발견돼요. 하지만 물 대부분은 생명이 살 수 없는 얼음 상태예요. 과학자들은 지름 3.5미터의 우주망원경인 허셜 망원경으로 우주에서 액체 상태로 있는 물을 찾고 있어요.

안전하고 깨끗한 물을 원해요!

물이 풍부한 지구에서 목마름에 시달리는 사람들이 있다니 상상하기 힘들지요? 하지만 거의 10억 명에 달하는 사람들이 안전하게 마실 물을 찾아 애쓰고 있어요. 가난한 나라에서는 아이들과 여자들이 날마다 물을 긷기 위해 평균 6킬로미터를 걷고, 그마저도 마실 만큼 깨끗하지 못한 경우가 많아요. 유니세프(국제연합아동기금) 같은 국제기구들은 이런 상황을 바꾸기 위해 노력해요. 여기, 물이 필요한 사람들을 위한 멋진 아이디어들이 있어요.

- **컵 속의 정수 필터**
  평화의 도공들이라 불리는 예술가 집단과 매사추세츠공과대학의 과학자들은 컵에 끼우면 마실 물을 정화시켜 주는 값싼 도자기 여과기를 만들어내고 있어요.

- **빨대 정수기**
  라이프스트로(생명빨대)는 흙탕물 구덩이나 땅에 고인 정체를 알 수 없는 물도 안전하게 마실 수 있게 해주는 휴대용 개인 정수기예요.

- **놀면서 물을 퍼올리자**
  플레이펌프는 아이들이 놀면서 회전목마를 돌리면, 마을 우물에서 깨끗한 지하수를 퍼 올릴 수 있게 만든 장치이에요.

- **집으로 오는 길**
  아쿠아덕트는 뒤에 커다란 물탱크가 달린 성인용 세발자전거예요. 자전거 페달을 밟으면 물이 여과기를 통과해 앞쪽의 다른 탱크로 흘러가요.

- **마지막으로……**
  지구의 모든 사람들은 깨끗한 물을 마실 권리가 있다고 선언한 유엔국제협정에 서명하세요!

생수병 대신 수도꼭지를 틀자!

캐나다는 물이 풍부한 나라에요. 지구에서 담수가 캐나다보다 많은 나라는 브라질과 러시아뿐이지요. 하지만 캐나다 사람들은 수도꼭지를 트는 대신 일 년에 20억 병 이상의 생수를 소비해요. 풍부한 물 자원이 있는 미국 사람들도 맥주, 커피, 우유를 합친 것보다 더 많이, 병에 든 생수를 마셔요. 병에 든 생수는 어떻게 얻은 걸까요? 생수공장에서는 하루에 28억 6000만 리터의 석유를 연소시키고 1550억 리터의 물을 소비해요. 북아메리카에 사는 대부분의 사람들에게는 필요하지 않은, 병에 든 생수를 생산하기 위해서 말예요. 그래서 뉴욕, 샌프란시스코, 파리처럼 병에 든 생수를 줄이려는 도시가 늘어나고 있어요. 비싸고 환경에 해로운 생수 대신 안전하고 건강에 좋은 수돗물을 장려해요.

삐빅삐빅! 부우우웅! 씨-잉!
전화가 온 건가요?
컴퓨터 비디오게임 소리인가요?

컴퓨터가 내는 소리는 우리 생활에서 일상적인 부분이 되었어요. 이 지구에서 컴퓨터가 얼마나 새로운 것인지조차 생각하지 못해요. 사실 요즘 어린이들은 태어나면서부터 개인용 컴퓨터를 알아온 역사상 첫 세대예요. GPS(위성위치확인시스템) 덕분에 길을 잃는 것이 어떤 느낌인지 알지 못할 수도 있는 첫 세대이기도 하고요. 가상세계 속에서 현실처럼 놀 수 있는 첫 세대이고, 동네 공원보다 비디오게임이 더 편하게 느껴질지도 모르지요!

이런 사이버 혁명은 너무나도 빠르게 진행되고 있어요! 컴퓨터는 거의 2년마다 속도가 두 배씩 빨라지고, 미끈한 신제품들이 시장에 쏟아져 나오지요. 하지만 새 제품들에는 무척 많은 환경 가격표가 달려 있어요. 미국인들은 날마다 13만 대의 컴퓨터와 그것의 두 배나 되는 휴대폰을 버려요. 새로운 유형의 치명적인 쓰레기인 전자폐기물이 만들어지고 있어요. 속도가 너무 빨라서 이런 국제 쓰레기에서 완전히 새로운 사업이 생기기도 했어요.

전자폐기물 사업은 많은 나라에서는 불법이어서, 환경 규제가 엄격하지 않은 가난한 나라에 옮겨져 버려지는 경우가 많아요. 비싼 컴퓨터를 살 기회가 거의 없는 사람들이 컴퓨터가 내놓는 치명적인 쓰레기들을 처리하는 거지요. 하지만 전자쓰레기 말고도 또 다른 방식으로 연결되어 있어요. 유튜브와 온라인 뉴스, 그 밖에도 컴퓨터에 기반한 미디어들이 그런 문제를 더 빠르게 전 세계에 알리고, 문제를 고칠 수 있는 행동을 만들어내기도 합니다.

모든 기술은 예전에는 전혀 없었던 방식으로 지구의 동물과 우리를 연결시켜요. 300만 명 이상의 웹 사용자들은 멸종위기에 처한 장수거북 열 마리가 먹이 때문에 캐나다의 추운 바다에서 6000킬로미터를 헤엄쳐 카리브 해의 해변으로 가 알을 낳는 모습을 시청했어요. 바다거북의 눈을 통해 세계를 바라보는 것은 무척 감동적이어서 많은 사람들이 장수거북을 보호하는 일에 나서기 시작했어요.

고래 지느러미에 붙인 위성추적장치에서 나비 날개에 붙인 칩, 휴대폰, 디지털 녹음기와 컴퓨터의 기술들은 야생 생물들의 삶을 놀랍도록 세세하게 기록해요. 보고 싶은가요? 책장을 넘겨보세요.

단축 다이얼 위의 바다

우리를 집 안에 묶어두는 것과
똑같은 기술이 야생 생물의 생활에 대한
놀랍고 새로운 사실을 알려주지요.

고래, 상어, 다랑어, 바다코끼리…….
우리가 이 책을 읽는 동안에도 드넓은 바다에 사는 수많은 동물들이 인공위성에 메시지를 쏘아 올리고 있어요. 지느러미나 지느러미 모양의 발에 부착된 작은 전자 인공위성추적장치가 수온, 깊이, 동물의 위치 정보를 잡아내요.
전 세계의 실험실과 연구실의 과학자들은 그 데이터를 휴대폰이나 컴퓨터로 다운받아 바다와 바다 동물의 활동 방식에 대한 더 풍부한 컴퓨터 모델들을 만들어내요.

태평양참다랑어는 마라톤 수영선수!

과학자들은 바다 동물들이 상상보다 훨씬 더 먼 거리를 이주한다는 사실을 알아가고 있어요. 태평양참다랑어는 20개월 만에 태평양을 세 번 건너요. 전 세계를 헤엄쳐 일주하는 것보다 더 먼 거리예요. 태평양참다랑어는 거대한 온혈동물이에요. 몸길이가 카누만큼 자랄 수 있으며, 초등학교 한 반의 아이들 몸무게를 다 합친 것보다 더 무거워요. 이 물고기가 유명한 것은 바로 속도 때문이에요. 맛있는 멸치나 청어, 뱀장어나 오징어를 쫓을 때의 속도는 고속도로를 달리는 자동차 못지않게 빨라요. 시속 100킬로미터에 달하지요.

백상아리는 천문학자!

니콜이라는 이름의 백상아리는 남아프리카에서 호주까지 헤엄쳐 갔다 돌아왔어요. 거의 2만 킬로미터에 달하는 거리예요. 종종 1킬로미터 깊이까지 잠수하기도 하지만 대부분은 바다 표면을 따라 헤엄쳐요. 이 사실 때문에 과학자들은 백상아리가 별을 이용해 방향을 가늠하지 않나 생각해요. (이봐, 눈에 물이 들어가서 말인데, 저게 북극성이야?)

유료고속도로 위의 다랑어, 무료간선도로 위의 상어

이 새로운 발견의 흥미로운 점은 어떤 종이 얼마나 멀리 빨리 헤엄치느냐뿐 아니라 여행의 경로도 예상할 수 있다는 거예요. 물고기들은 마치 인간의 눈에는 보이지 않는 바다의 고속도로를 달리고 있는 것 같아요. 그래서 매사추세츠 주 보스턴으로 들어오는 배는 이제 미국 최초의 고래 먹이 보호구역에 있는 멸종위기의 고래와 충돌하는 걸 피하기 위해 늘 다니던 항로보다 6킬로미터 북쪽으로 다녀야 해요.

바다 속 교통신호

기술의 발전 덕분에 우리 눈으로는 절대 볼 수 없는 바다 속 생명을 알 수 있게 되었어요. 만약 노르웨이 해안가에서 혹등고래 한 마리를 보았다면, 보통은 혼자일 확률이 높아요. 하지만 고래 연구자들은 해군의 대잠수함 무선국을 이용하여 고래 소리의 컴퓨터 이미지로 고래들의 위치를 추적했어요. 그 이미지를 보면 홀로 다니는 고래들이 실제로는 50킬로미터씩 떨어져서 함께 여행하는 것으로 드러났어요! 고래는 청력이 예민해 소리로 서로 연락해요. 흰긴수염고래는 소리만으로도 바다를 가로질러 의사소통할 수 있어요.

안타깝게도 고래와 다랑어, 다른 바다 동물들은 배 소리 때문에 고생하고 있어요. 유조선은 무시무시할 정도로 시끄러워요. 배들이 많이 지나다니는 뱃길에 물 속 마이크인 수중청음기를 넣어보면, 그 소리는 고속도로 한복판만큼 시끄럽지요. 오가는 배도 해마다 늘어나요. 우리가 쓰는 컴퓨터는 중국이나 다른 나라에서 만들어 배에 실려 오는 경우가 많아요. 다 쓴 컴퓨터는 다시 배에 실려 중국으로 돌아가게 되겠지요. 해마다 1억 컨테이너에 달하는 배에 실린 화물이 세계의 바다를 누비고 있어요. 동물과학자들은 고래의 청력이 얼마나 예민한지 정확히 알아냈고, 바다가 얼마나 빠르게 시끄러워져 가는지도 알아냈어요. 그래서 항해 노선을 제한하고 배에서 나는 소음을 좀 더 줄일 새로운 기술을 개발하는 데 힘을 쏟고 있어요.

바다의 그레이하운드, 수염고래

수염고래는 지구에서 두 번째로 큰 동물이에요. 무척 빨라서 '바다의 그레이하운드'라는 별명이 있는 이 거대한 동물은 어린이보호구역에서 달리는 자동차의 속도인 시속 2~30킬로미터로 다녀요. 해마다 여름이면 수염고래는 먹이가 풍부한 차가운 북극으로 헤엄쳐가요. 하지만 최근에 아주 특이한 사실이 발견되었지요. 멕시코의 캘리포니아 만에 사는 수염고래 400마리는 옮겨 다니지 않는다는 사실이었어요. 캘리포니아 만은 수염고래들이 일 년 내내 충분히 먹을 수 있는 먹이가 있는 유일한 장소들 가운데 하나일 수도 있어요. 그렇다면 이곳은 보호해야 할 가치가 있는 아주 특별한 장소이지요.

움직이는 덤불숲

과학자들은 지구의 변화를 탐색하기 위해 종과 서식지에 관한 방대한 양의 데이터베이스를 이용해요. 프랑스의 산악지대를 연구한 결과를 보면, 기후 변화로 많은 식물이 산 위로 올라가는 게 밝혀졌어요. 잠깐! 덤불숲이 움직인다고요? 그래요. 개별 식물이 아닌 숲 생태계가 10여 년 동안에 18.5미터 이상 위쪽으로 옮겨갔어요. 수명이 짧은 관목과 풀들은 이상적인 온도를 찾아 점점 더 높은 곳에서 뿌리를 내리는 반면, 오래 사는 나무들은 그대로 남아 있기 때문에 환경이 얼마나 빠르게 변하는지 알아차리기가 힘들어요.

더 빨리 생각하라!
더 오래 생각하라!

우리의 손주의 손주의 손주의 손주는 어떤 놀이를 좋아할까요?

얍! 번개처럼 빠른 손놀림으로 침공하는 외계인에 맞서 가상 세계를 구하고 있어요. 컴퓨터 사양을 업그레이드시켜 속도가 더 빨라진 덕분에 순식간에 광선검 대결을 벌이지요. 비디오게임과 웹 검색은 1000분의 1초 사이에 결과가 나올 거라 기대해도 좋을 정도지요.

하지만 오래오래 생각하는 훈련도 중요해요. 아메리카인디언들은 이것을 '일곱 세대 생각'이라고 해요. 지금 우리가 내리는 결정이 앞으로 일곱 세대 동안 지구에서 살아갈 후손들에게 미칠 영향을 생각하라는 뜻이에요.

사악한 전자쓰레기

미래에는 전자쓰레기에 대해 걱정하지 않을 수 없어요. 납, 카드뮴, 수은 등 유독한 화학물질이 들어 있는 망가진 컴퓨터, 텔레비전, 모니터, 그 밖의 전자쓰레기 2200만~5500만 톤이 해마다 버려지고 있기 때문이지요. 그 물질들이 컴퓨터나 MP3플레이어 속에서 안전하게 제 일을 할 때는 걱정할 필요가 없지만, 쓰레기가 된다면 조심해야 해요! 다스베이더보다 더 사악하며 우리의 손주의 손주의 손주의 건강에까지 영향을 끼칠 만큼 오래 남아 있을 거예요.

생일 때 받은 게임기를 버리는 대신, 중고제품 재활용가게나 물물교환 사이트를 인터넷에서 검색해 보세요. 새 전자제품이나 갖고 싶었던 중고제품, 혹은 고장 난 전자제품을 현금이나 현금교환증, 자선기부금으로 바꿀 수 있어요.

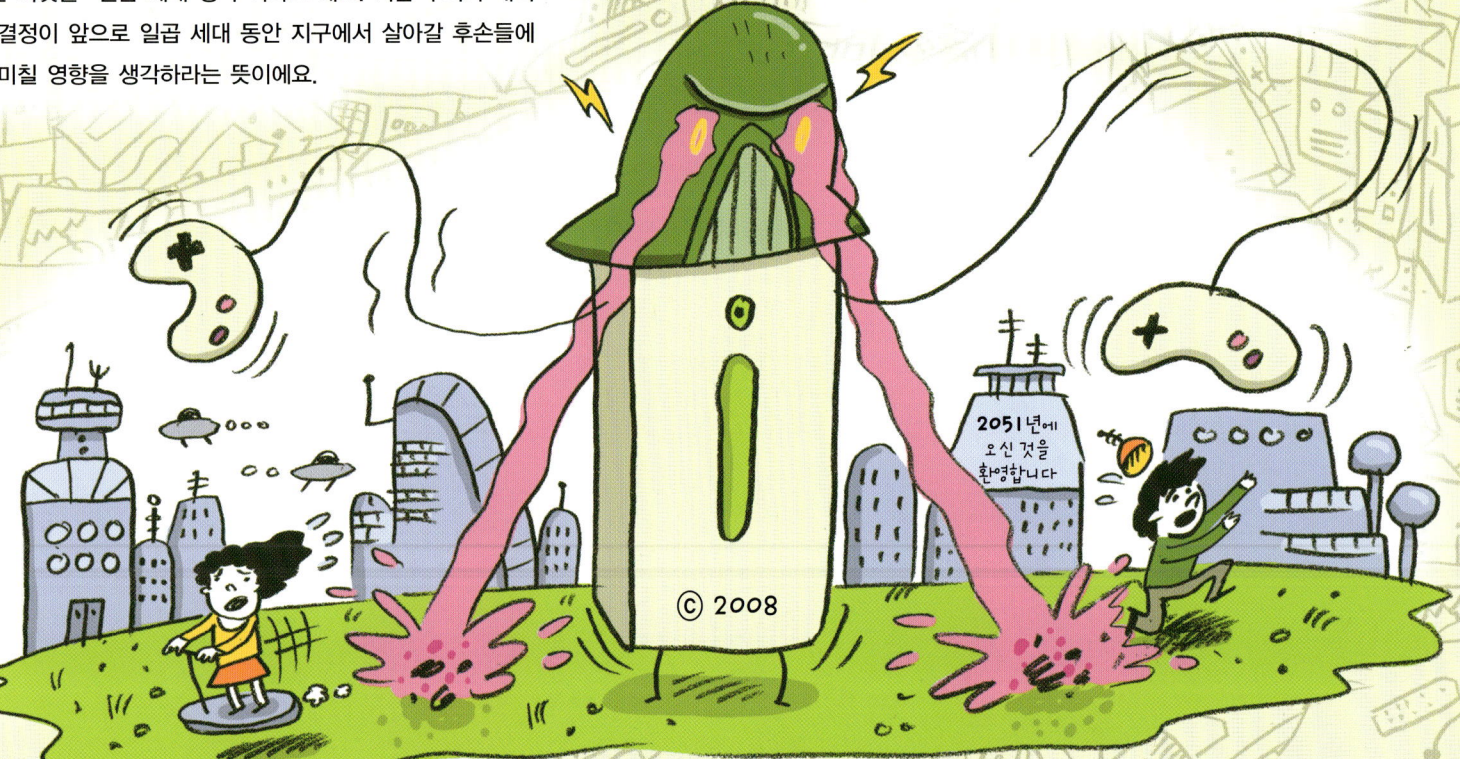

컴퓨터와 관련된 일을 하고 싶다면 전자쓰레기에 관심을 가져보세요!

유럽연합은 최근 전자제품을 만드는 모든 회사에게 판매된 제품들을 수거해서 재활용하는 엄격한 규제안을 통과시켰어요. 전자쓰레기를 보건과 환경 기준이 낮은 다른 나라로 보내는 것도 금지하고요. 그리고 유럽연합 국가가 아닌 나라들에게도 그렇게 하라는 압력을 넣고 있어요. 이것은 무엇을 의미하나요? 앞으로 새로운 환경 관련 직업이 많아질 거라는 뜻이에요. 컴퓨터가 독성물질을 덜 함유하도록 새로운 소재를 개발할 수도 있어요. 아니면 낡은 컴퓨터를 새 컴퓨터로 바꾸는 보다 효율적인 시스템을 생각해낼 수도 있고요. 국제법이나 비디오게임의 생산과 판매, 컴퓨터에 필요한 전원을 태양에서 공급받는 연구 등, 많은 녹색 일자리가 생겨날 거예요.

2초 만에 두 쪽으로 쪼개지는 휴대전화

나사가 나삿니를 잃어버리면서 스스로를 밀고 나와요. 갈고리가 펴지면서 다른 조각들을 밀어내요. 접착제가 녹아요. 플라스틱이 분해되어 가루가 되고요.
분해를 위한 디자인 세계에 오신 것을 환영합니다! 재활용하기에 더 좋은 전자제품을 고안해 내려는 경쟁이 벌어지고 있어요. 더 빨리 분해되는 제품일수록 더 빨리 재활용되고 에너지와 돈도 절약돼요. 휴대전화 제조사인 노키아는 2초 만에 둘로 쪼개지는 휴대전화 샘플을 만들었어요. 열을 가하면 분해되지요.
레이저 광선 한 방이면, 뻥!

전자쓰레기를 먹어 치우는 미생물이 나타났다

박테리아는 작지만 전자쓰레기를 처분하는 전투에서는 영웅일 수 있어요. 어떤 박테리아는 인쇄회로기판에서 납, 구리, 주석을 걸러 내거나 제거하고, 전자쓰레기에서 알루미늄, 구리, 니켈, 아연, 금을 분리하기도 해요. 금속을 녹이는 바이오리칭 박테리아가 유독한 폐기물에서 귀금속을 안전하게 뽑아낼 수 있을 거라고 많은 사람이 믿고 있어요. 이렇게만 된다면 헌 모니터와 전자제품을 녹이는 지금의 위험한 방법보다 훨씬 더 깨끗한 방식으로 가치 있는 금속들을 뽑아 쓸 수 있겠죠.

탐구만화 ③
비디오게임과 휴대전화와 고릴라는 어떤 관련이 있을까?

우리가 사용하는 전자장난감과 기기들이 정말로 아프리카의 밀림에까지 영향을 미칠까요? 지금 알아보아요!

전 세계에서 수억의 사람들은 비디오게임을 하고 휴대전화로 이야기를 나누어요.

MP3플레이어나 컴퓨터 같은 기기들은 물론 비디오게임기를 만드는 데는 콜탄이라는 희귀한 광물이 필요해요.

콜탄의 수요가 많아지자, 전 세계에서 콜탄 열풍이 일어났어요. 누구나 더 많은 콜탄을 원해요!

아프리카 세계에서 가장 중요한 콜탄의 매장지 가운데 하나가 콩고민주공화국의 카후지비에가 국립공원에 있어요.

이 국립공원은 열대우림에 사는 많은 동물의 보금자리예요. 희귀한 마운틴고릴라와 동부저지대고릴라도 살아요.

콜탄 가격이 올라가자 불법 채굴자들이 공원으로 밀려들어와 고릴라들을 위협했어요.

반란군 지도자들도 그 지역을 지배하기 위해 싸워요. 심지어 가난한 사람들과 아이들을 불법 콜탄 채굴 작업에 강제로 밀어넣었어요.

야생동물보호단체와 인권단체들은 컴퓨터 회사들에게 사람과 야생동물을 공정하게 대하는 합법적인 광산에서 나온 콜탄만 사라고 요구했어요.

한편 해마다 버려지는 컴퓨터와 휴대전화 속에서 사라지는 콜탄과 여러 귀한 금속들은 수백만 달러에 이르죠.

2008년 12억 개의 휴대전화가 팔렸어요. 그 중 1퍼센트만 재활용되고요. 많은 콜탄이 버려져요. 재활용을 더 많이 할수록 채굴 행위가 줄어들 거예요!

유럽 회사들이 폐전자제품을 수거해서 재활용하거나 친환경 방식으로 처리해야 하는 법이 만들어졌어요! 그래서……

회사들은 분해하기 쉬운 디자인을 연구했어요! 재활용할 때 편하게 분해되는 제품들을 고안하고 있어요.

북아메리카 아이들은 헌 휴대전화를 재활용하고, 새 비디오게임을 사지 않고 친구와 교환하는 운동을 벌이고 있어요.

아프리카의 다른 지역 엠마 스톡스 박사는 사람의 발길이 닿지 않은 지역에 12만 5000마리의 서부저지대고릴라가 산다는 증거를 발견했어요. 좀 더 확인되면 수가 두 배로 늘어날 거래요!

비디오게임과 휴대전화를 재활용하면 콜탄의 수요를 줄이는 데 도움이 되요. 아프리카 고릴라의 미래를 보호하는 데도 도움이 되고요!

오래된 행성을 새롭게 만드는 법!

컴퓨터, 인공위성, 디지털 이미지는 세계지도 그리는 방식을 혁명적으로 바꾸고 있어요!

역사가 시작된 이래로 사람들은 세계와 자신이 사는 곳을 이해하기 위해 지도를 그렸어요. 기원전 4세기 이전에 살았다면 지구를 평평하게 그렸을 거예요. 그리스의 철학자 아리스토텔레스는 지구를 우주의 중심에 두고 지도를 그렸어요. 유명한 탐험가 콜럼버스는 지구를 실제보다 훨씬 작게 그린 지도를 믿은 탓에 남아메리카에 도착한 뒤 그곳이 인도인 줄 알았어요.

우리가 사는 동네의 옛날 지도를 찾아낸다면 역사를 한 꺼풀 벗겨볼 수 있어요. 예전에는 강줄기가 있었던 곳이 지금은 마을과 학교로 바뀌기도 했겠죠. 이 지구에서 우리가 사는 곳을 이해하는 방법을 구체화하려면 현재의 믿을 만한 지도에 의존해야 해요.

요즘 우리는 부모님이 우리 나이에는 상상도 못했을 정도로 세계를 세세하고 정확하게 볼 수 있어요. 구글 위성지도에 로그인하면 지구의 어느 곳에든 날아갈 수 있지요. 열대지역으로 여행간다면? 인공위성 이미지를 클릭하면, 무성한 지붕을 이룬 열대우림을 살펴볼 수 있고 심지어 머물려고 계획한 호텔도 볼 수 있어요. 지도 제작 기술을 갖춘 GPS 장치들은 자동차를 안내해 낯선 도시에 있는 식당이나 먼 친척의 아파트까지 가는 길을 찾아주어요.

세상을 거꾸로 보게 하는 지도가 있어요!

해양 동물이 모이는 곳의 지도를 그려보면, 바다가 물로 가득 찬 커다란 욕조가 아니라 어떤 동물은 살고 어떤 동물은 살지 않는 다양한 서식지라는 걸 알게 될 거예요.

인간 세계의 지도를 그리는 방법은 지구의 생명에 대한 이해도 바꾸어 놓았어요. 남극 쪽을 위로 한 '사우스 업(south up)' 지도를 한 번 볼까요? 호주 멜버른 대학의 스튜어트 맥아서가 12살 때 처음 그린 지도예요. 9년 뒤에 첫 번째 공식 '사우스 업' 버전 지도를 만들었어요. 스튜어트의 지도를 보면 북쪽이 반드시 꼭대기에 있을 필요가 없다는 생각이 들어요.

예전에는 유럽 탐험가들이 북극성과 북쪽을 가리키는 나침반을 이용하던 시절의 방식으로 지도를 그렸고, 그 이전에는 지도의 위쪽이 당시 동방이라 부르던 아시아 쪽이었어요. 바로 거기서 '방위(orientation)'라는 단어가 나왔어요. 방위는 다른 사물과의 관계에서 자신이 있는 곳을 찾는 걸 뜻해요.

꼬리표를 단 동물들이 숨겨진 보물로 우리를 안내하다

앞에서 상어나 참다랑어에 전자 꼬리표를 붙였다고 했지요. 이 원격 탐사장치에서 얻은 자료로 과학자들은 놀랄 만큼 새로운 방법으로 바다 지도를 그릴 수 있게 되었어요. 최근 몇 년 동안 연구팀들은 태평양을 돌아다니는 고래와 바다거북, 바다코끼리, 바다새를 비롯해 최상위 포식자 22종 2000개체 이상에 전자 꼬리표를 붙였어요. 각 개체한테서 수집한 자료를 종합해보니 드넓은 대양 속에 생물다양성 거점이 발견되었어요. 아프리카 초원지대의 물웅덩이처럼 이곳에는 많은 종들이 모여요. 그렇게 모여들면 복잡하고 완전한 먹이그물이 생기지요. 다만, 육지의 물웅덩이와 달리 바다의 생물다양성 거점은 위치가 바뀌어요.

둥근 지붕의 비밀장소

코스타리카 돔은 움직이는 거점의 한 예이에요. 코스타리카 서쪽 800~1300킬로미터쯤 되는 태평양 속의 지역이지요. 바람이나 수온, 해류에 따라 위치가 바뀌기 때문에 찾아내기가 힘들어요. 과학자들은 컴퓨터를 이용해 그 지역으로 가는 개별 동물들을 추적해서 위치를 찾고 그곳을 보호하는 것이 얼마나 중요한지 알게 되었어요. 과학자들이 찾아낸 사실은 놀라워요. 흰긴수염고래를 코스타리카 돔까지 추적하면서, 지구에서 가장 몸집이 크고 멸종 위기에 처한 이 동물이 새끼를 낳는 비밀 장소를 발견한 거지요.

더 큰 세상을 보게 하는 지도

지도는 우리가 걸어 다니면서 보고 경험하는 세상보다 더 큰 세상을 볼 수 있게 해줘요. 우리 눈이 볼 수 있는 것 이상을 보는 능력은 매우 소중해요. 우리 모두 하나하나가 커다란 집단적인 영향력을 가진 시기에는요. 비디오게임 하나를 사는 것은 분명 지구에게는 대단치 않은 일이에요. 하지만 작년 한 해만 해도 210억 달러어치의 비디오게임이 팔렸지요. 뭐가 대단한지 궁금한가요? 책장을 넘겨보세요.

지구를 위한 한 걸음!

생태발자국이 뭐예요?

생태발자국은 사람이 자연에 남긴 영향을 발자국으로 표현한 거예요. 우리가 매일 소비하는 자원의 생산과 폐기에 드는 비용을 토지 넓이로 계산한 것이지요.

우리가 지구 하나만큼의 자원보다 더 쓴다면, 그것은 다른 사람과 다른 동물은 자신이 가져야 할 몫보다 훨씬 더 적게 가지고 산다는 말이에요. 우리는 가까운 미래에 지구에서 살게 될 사람들과 다른 종들에게 자원들을 빌려 쓰고 있어요. 예를 들어, 사람들은 열대우림을 다시 키울 수 있는 것보다 더 빠른 속도로 벌목해요. 그것은 우리가 삼림 남벌, 토양 유실, 종들의 멸종, 대기 중 이산화탄소의 축적이라는 형태로 미래세대에게 생태학적 빚을 남겨주고 있다는 뜻이지요. 일곱 세대 생각과는 거리가 멀어요!

마티스 웨이커네이걸 박사와 윌리엄 리즈 박사는 생태발자국이라는 자원 계산 도구를 만들었어요. 덕분에 여러 나라들은 자원이 얼마나 있으며, 얼마나 쓰는지 계속 확인할 수 있어요. 마치 우리가 과소비하는 부분을 눈에 확 띄게 보여주는 도표 같아요. 지구의 생태학적 제약 안에서 잘 살 수 있는 새로운 길을 만들어내는 것이 목표예요. 행성의 삶은 하나입니다, 다섯이 아니라!

행성 하나 더 주세요!

어마어마한 양의 자료를 종합할 수 있는 컴퓨터 덕분에 지구에서 열대우림이 있는 곳의 지도를 그리는 데 필요한 정보를 얻을 수 있어요. 또 도서관에서 책을 빌리는 사람 수나 각 나라에 사는 아이 한 명당 평균 몇 개의 비디오게임을 가졌는지도 알 수 있고요. 우리가 어떤 지도를 그리든지 세계의 몇몇 지역은 다른 곳보다 훨씬 더 많은 물과 음식, 에너지를 소비한다는 걸 금방 알 수 있지요.

이해하기 조금 어렵겠지만, 북아메리카 대륙에 사는 사람들은 너무 많은 자원을 써버려요. 모든 사람이 그렇게 산다면 지구가 더 필요하게 되지요. 몇 개나 더 필요하냐고요? 적어도 다섯 개는 필요해요! 우리가 생활 규모를 줄여서 산다 해도 이미 지구가 세 개는 더 필요해요! 그것이 불가능한 것은 물론이고요.

지속가능하게 살아가는 법

사람들이 지구의 자원을 얼마나 빨리 소모하는지 쫓아가다 보면 기운이 빠질 거라고 생각하겠지만, 마티스 박사는 그렇게 보지 않아요. 우리가 지속가능한 방식으로 살아갈 수 있고 그렇게 할 방법이 있다고 믿어요. 여기에 중요한 질문이 있어요.

- 우리가 실제로 가진 자원은 얼마나 되는가?
- 우리는 얼마나 사용하고 있는가?
- 자연이 제공해주는 예산 안에서 어떻게 살아갈 수 있을까?

한 국가가 하나의 행성 예산 안에서 운영하겠다고 약속할 때마다 우리 모두가 이기는 거예요.

전문가를 만나보자!

마티스 웨이커네이걸 박사
생태발자국 공동창시자, 국제생태발자국네트워크 대표

40년 전 마티스가 태어났을 때, 인류는 지구 능력의 절반을 써버렸어요. 2000년 마티스의 아들이 태어났을 때, 인간은 지구를 하나하고도 4분의 1을 더 썼지요. 아들이 마티스의 나이가 될 즈음이면 가장 보수적인 유엔의 예언에 따르더라도 우리는 지구가 가진 생태 능력의 두 배를 사용하고 있을 거예요. 이것은 바뀌어야만 해요!

주의 : 아이들이나 심장질환이 있는 노인한테는 안전하지 않음

우리가 직접 생태발자국을 잴 수 있는 개별 발자국 측정기도 있어요. 하지만 중요한 것은 북아메리카나 유럽에 산다면 좋은 점수를 얻기가, 그러니까 지구 하나의 자원보다 덜 쓰기가 무척 어려워요.

생태발자국 개념은 정부와 기업, 그리고 우리가 행성에서 건강하게 사는 것에 책임질 사람을 돕기 위해 고안되었어요. 적당한 규모로 소비를 줄이기 위해 필요한 변화들이 꾸준히 계속되게 만드는 것이 그들에게 달려 있어요. 우리 한 사람 한 사람이 지구에게 얼마나 무거운 짐을 지게 하는지 생각하고, 지구 다섯 개가 필요한 지금의 상황을 바꿔야 해요.

마티스 박사의 생각

정부가 약속해야 할 가장 중요한 다섯 가지

1. 지구에 생태학적 한계가 있음을 인정해요. 지구가 줄 수 있는 것보다 더 많은 것을 우리가 쓰고 있어요.

2. 지구 하나로 살아가는 삶을 목표로 삼아요.

3. 꼼꼼히 계산해요. 생태발자국 같은 도구로 생태학적 예금이 얼마이며, 부채가 얼마나 빨리 늘어나고 있는지 알아야 해요.

4. 가장 오래 지속되는 것들을 우선으로 여겨요. 건물의 에너지 효율성, 탄소 중립*, 훌륭한 대중교통을 가진 지속가능한 도시 만들기 등에 집중해요. 이러한 시설이 세워지면 바뀌는 데는 시간이 많이 걸리기 때문이에요. (*탄소 제로라고도 해요. 탄소를 배출한 만큼 다시 흡수해 탄소의 실제 배출량을 0으로 만드는 거예요. 온실가스 배출량을 계산하고, 그것을 다시 흡수하기 위해 나무를 심거나 대체 에너지 시설에 투자해요.)

5. 사람들이 지구에서 오래도록 살 수 있도록, 시간과의 싸움에서 이길 수 있는 방향으로 모든 혁신들을 추구해요.

하나의 지구에서 살기 위해 개인이 해야 할 중요한 세 가지

1. 자신이 원하는 것과 정말로 필요한 것을 잘 따져 보기.

2. 더 많은 것을 얻기 위해 노력하기보다는 가진 것에 행복하기.

3. 사소한 행동 하나하나를 고민하기보다는 가정에서 에너지를 얼마나 효율적으로 쓰는가, 학교에 어떻게 가는가, 가족이 얼마나 자주 자동차 여행을 하는가와 같은 큰 항목에 관심을 집중하기.

자전거로 언덕을 올라갔어요. 도착!
우아, 눈앞에 멋진 경치가 펼쳐졌어요.
그런데 자전거가 저절로 굴러 내려가네요,
아, 안 돼……!!

학교에 자전거를 타고 가 보아요. 자전거를 타면 빨리 도착하고, 걷는 것보다 에너지도 훨씬 적게 들어요. 안전한 자전거도로를 만들고, 자동차세를 높이고 자동차 연료의 가격을 올린 덕분에 독일, 덴마크, 콜롬비아, 네덜란드 사람들은 캐나다나 미국 사람보다 몇 배나 많이 자전거를 이용해요. 암스테르담에서는 도시에서 이용하는 교통수단에서 자전거가 자동차를 앞질렀어요. 코펜하겐에선 자전거 광고로 기금을 모아 온 도시에 자전거보관소 125곳을 만들고 자전거 2만 5000대를 무료로 빌려주고 있어요.

북아메리카의 도시들에서도 자전거를 이용하자는 운동이 점점 널리 퍼지고 있어요. 샌프란시스코는 자전거 타는 것을 더 싸고 빠르고 안전하게 만든 덕분에 딱 2년 만에 자전거를 타는 사람들이 두 배로 늘어났어요. 수십 년 만에 처음으로 미국과 호주 사람들은 자동차보다 자전거를 더 많이 샀어요. 자전거 혁명은 전 세계에서 교통 수단에 대한 생각을 바꾸고 있어요. 올해 지구에서는 자동차보다 두 배 이상 많은 자전거들이 생산될 거예요.

얼마 전만 해도 중국의 도시 거리는 자전거로 붐볐어요. 사실 북아메리카에서 팔리는 자전거의 대부분은 여전히 중국에서 만든 거지요. 하지만 지난 30년 동안 자동차가 도로를 차지하면서 교통 정체를 가져오고 대기를 오염시켰어요. 전기 자전거는 고개를 올라갈 때 도와주는 전기 모터가 있지만, 기본은 페달을 밟아 움직이지요. 중국의 전기 자전거는 1억 대가 넘어요. 개인 자동차 수의 네 배에 이르지요!

자전거가 늘어나는 것은 사람과 지구 모두에게 멋진 소식이에요. 더 좋은 소식도 앞으로 들려올 거예요. 자전거로 이동할 수 있게 만든 사람의 힘은 상상도 못할 방식으로 세상에 도움을 줄 수 있을 거예요. 최근에 매사추세츠의 건축학과 대학생들은 사람이 자리에 앉을 때 발생하는 전기로 발광다이오드(LED) 전구를 켤 수 있는 의자를 발명해 국제대회에서 우승했어요. 그 아이디어를 확대하면, 수많은 야구팬들이 벌떡 일어났다 앉았다 하는 관중석의 쿵쿵거림을 이용하여 야구경기장을 밝힐 수도 있을 거예요! 친환경 자전거 디자인이나 발을 탁탁 굴러서 음악을 듣는 방법이 궁금한가요?
책장을 넘겨보세요!

자전거를 직접 키운다고?

**이쪽엔 토마토와 장미꽃을 심고,
저쪽엔 새 자전거를 심고!**

자전거를 머리 위로 들어 올릴 수 있나요? 쉽지 않지요! 자전거의 몸체는 대부분 강철로 만드는데, 강철은 튼튼해서 집이나 고층 건물을 짓는 데도 쓰일 정도예요! 강철은 세상에서 가장 흔한 물질 가운데 하나예요. 지구 표면에서 가장 흔한 원소인 철로 만들지요. 자전거를 타는 건 사람의 힘만으로 가능하지만, 강철 몸체를 가진 자전거를 만드는 데는 많은 에너지가 들어요. 철광석을 캐내는 거대한 착암기와 삽을 작동시키는 전기, 운반트럭을 달리게 하는 연료, 철에서 불순물을 제거하기 위해 채석장에서 캔낸 석회암, 철을 강철로 만들 용광로를 달구는 석탄 등등. 하지만 이 모든 과정을 건너뛰고 그냥 자전거를 키울 수 있다면 어떨까요?

자전거 디자이너 크레그 캘피가 바로 그렇게 하고 있어요. 캘피는 대나무로 자전거를 만들었어요. 함께 사는 개 루나가 자기 자전거 가게 뒤에서 자라는 튼튼한 대나무 조각을 물어뜯는 모습을 지켜보다가 아이디어가 떠올랐대요. 이 놀랄 만큼 빨리 자라는 식물이 자전거가 될 만큼 튼튼하다면 어떨까 생각했어요. 10년 뒤 캘피의 회사는 1년 동안 100대의 미끈한 경주용 대나무 자전거를 만들어냈어요. 아프리카 가나의 단체들과 함께 대나무가 많은 가난한 지역에서 대나무 자전거 만들기 워크숍을 열기도 했어요.

대나무와 팬더와 자전거

대나무는 유리를 구성하는 주요 광물질의 하나인 이산화규소를 무척 많이 가지고 있어서 유리풀이라고 부르기도 해요. 유리는 깨지기 쉬울 것 같지만 이산화규소 성분 때문에 꽤 튼튼한 편이에요. 구부러지지 않고 잘 부서지지 않으며 흠집도 잘 나지 않아요. 대나무도 이산화규소 성분 덕분에 자전거 몸체를 만들 정도로 튼튼하지만, 동물들이 먹기에는 무척 딱딱하고 위를 상하게 만들지요. 하지만 팬더는 소화관이 놀랄 만큼 끈적거리는 점액으로 감싸여 있어 다치지 않고 대나무 조각을 먹을 수 있어요. 팬더와 자전거는 대나무 말고도 또 다른 인연이 있어요. 오늘날에는 멸종위기에 처한 팬더를 번식시키는 것이 최우선 사항이 되었지만, 예전에는 팬더가 서커스에서 세발자전거를 타며 묘기를 부려 큰 인기를 누렸어요.

친환경 자전거를 만드는 여러 가지 재료들

대나무 말고도 자전거를 만들 수 있는 재료가 있어요. 우리의 창의성을 북돋기 위해 친환경 자전거 제작자들이 실험한 것을 소개할게요.

판지 자전거

21살의 영국 대학생이 튼튼한 판지로 값싸고 완전히 재활용이 가능한 자전거를 만들었어요. 만드는 데 든 비용은 30달러였죠. 단, 비 올 때 타거나 빗속에 내버려두지는 말 것!

나무 자전거

150년 전 나무 바퀴가 달린 골동품 자전거는 얼마나 덜컹거렸는지 털털이 자전거라 불렸대요. 오스트리아의 한 디자인 회사가 최근에 만든 나무 자전거는 아주 매끈해서 털털이 자전거 주위를 매끄럽게 빙글빙글 맴돌 거예요.

재활용 플라스틱 자전거

재활용 폴리프로필렌으로 플리스 재킷을 만든다고 했어요. 캘리포니아의 젊은 디자이너는 재활용 폴리프로필렌으로 완벽하게 움직이는 재활용자전거를 만들었어요.

전기 자전거

2009년에는 전지로 모터를 작동하는 전기 자전거가 전 세계에서 2300만 대가 팔렸어요. 2012년이면 두 배로 늘어날 거래요. 전기 자전거는 소음도 적고, 공해도 일으키지 않고, 복잡한 도시에서 교통 혼잡을 줄일 수 있다고 해요. 다만, 현재 쓰는 납전지가 아닌 친환경 대체물이 있다면 훨씬 더 좋을 거라고 이야기해요.

비료로 쓸 수 있는 헬멧

자전거를 타는 사람에겐 헬멧이 필요해요. 딱딱한 표면에 부딪혔을 때 헬멧의 폭신한 부분이 충돌 에너지와 강한 충격이 뇌에 직접 닿는 것을 줄여주고, 머리 부상도 85퍼센트 정도 줄여줘요. 머리통이 둥근 공룡인 파키케팔로사우루스의 두개골도 똑같은 방식으로 작용했어요. 두 공룡이 싸우다가 머리를 부딪치면, 두개골은 납작 눌렸다가 다시 펴지면서 뇌 손상을 막아주어요.

자전거 헬멧 디자이너들은 친환경 디자인에 가장 앞서 있어요. 태양열전지를 충전하는 헬멧 만드는 법이 인터넷에 나와 있어요. 밤에 집으로 돌아올 때 충전한 전지로 헤드라이트를 켜서 어두운 길을 비추어요. 이탈리아의 한 헬멧 제조사는 헬멧 속에 넣는 충전재를 확장시키는 데 쓰인 증기를 재활용하여 건물을 따뜻하게 데웠어요. 헬멧 바깥쪽의 플라스틱 부스러기는 갈아서 새로운 플라스틱을 만들었고요. 지금까지는 퇴비 더미 속에서 분해될 수 있는 헬멧을 만든 사람은 없어요. 하지만 미생물로 분해되는 충전재와 옥수수로 만든 플라스틱이 흔해졌으니, 곧 그런 시도를 해볼 때가 되었지요.

튼튼하고, 가볍고, 안전하고, 매력적이고, 비료로 쓸 수 있는 헬멧. 우리도 이런 헬멧을 한 번 디자인해 볼까요?

내 움직임이 에너지가 된다!

우리에겐 내뿜을 에너지가 있고, 새로운 기술들은 우리의 행동을 전기에너지로 변화시키고 있어요.

펄쩍 뛰고! 꿈틀꿈틀! 발을 쾅쾅! 로테르담의 한 클럽에 있는 새 무대는 춤추는 사람들의 에너지를 전기로 바꾸어 다채로운 빛을 내뿜는 조명 쇼를 벌여요. 네덜란드의 한 기차역에서 회전문을 밀면 입구에 달린 조명등에 힘을 보태는 거예요. 많은 친환경체육관의 운동기구들은 사용할 때의 에너지로 음악을 들을 수 있게 해줘요. 자동으로 태엽을 감는 키네틱 손목시계는 걸을 때 팔을 흔드는 걸로 충전이 돼요. 요요 스타일의 아이스크림 기계는 손목을 획획 움직이는 걸로 맛있는 아이스크림을 만들고요. 페루에서는 페달로 전력을 공급하는 세탁기를 이용해 일자리도 만들고 세탁도 깨끗이 했죠. 이미 많은 사람이 크랭크를 돌려 라디오를 듣거나 손전등을 비추기도 하지요.

이런 변화는 시작에 불과해요. 우리가 움직일 때 만드는 에너지를 전기에너지로 바꾸는 여러 가지 방법이 계속 고안되고 있어요. 한 사람의 에너지라면 크게 쓸 만하지 않아요. 한 걸음의 에너지는 60와트짜리 전구 2개를 겨우 1초 동안 밝힐 정도이죠. 하지만 1초에 3만 걸음이라면 거기서 나온 에너지는 기차도 움직일 수 있어요. 정말 쓸 만하죠!

우리 몸이나 행동이 흥미진진하고 새로운 방식으로 에너지를 공급하는 세상을 상상해 보세요. 그런 기술은 벌써 진행중이에요!

관객들이 계단을 올라갈 때 만들어지는 에너지로 경기장의 조명등을 켜요.

신발 밑창 속에 나노선을 넣어서 걷는 동안 음악을 들을 수 있어요.

햇살 속에서 노는 동안 옷 속에 든 태양열 집열판으로 전지를 충전시켜요.

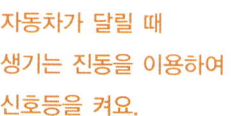

자동차가 달릴 때 생기는 진동을 이용하여 신호등을 켜요.

우리도 발전소!

빨리 걸으면 60와트 이상의 전력이 생겨요. 손가락을 탁탁 두드리는 것은 0.1와트의 전력을 만들고요. 숨 쉬고 팔을 흔드는 동작은 각각 1와트 정도의 전력을 만들어요.

성대의 떨림같이 몸속 에너지가 바뀌는 것은 아주 작은 규모이어서 과학자들은 그것을 나노미터 단위, 즉 100만 분의 1밀리미터로 측정해요.

과학자들은 에너지로 몸속 장치들에 전력을 공급하는 아주 작은 나노발전기를 만들고 있어요. 머지않아 인공심장이나 다른 의료기구들이 혈액의 흐름에서 나온 전기에너지로 작동될 거예요.

다른 동물들도 발전소가 될 수 있어요!

2009년 미국 조지아 주의 과학자들은 햄스터에게 나노선이 든 재킷을 입혀서 햄스터가 쳇바퀴를 돌릴 때 나오는 에너지를 모으는 데 성공했어요. 분명 양은 아주 적었지만, 아주 작은 움직임도 전류를 만들어내는 걸 확인했지요. 나노발전기를 충분히 이용하면 휴대용 컴퓨터나 다른 장치들의 충전지도 필요하지 않게 될 거예요.

물론 전기뱀장어처럼 실제로 전기를 발생시키는 놀라운 동물들도 있어요! 전기뱀장어 한 마리는 전자레인지를 돌려 음식을 뜨겁게 할 만큼 충분한 전기를 만들 수 있지요. 일본과 캐나다의 수족관들은 크리스마스 때면 전기뱀장어가 내놓은 전기로 크리스마스트리의 불을 환하게 밝혀요.

탐구만화 ④

펭귄은 자전거와 무슨 관계가 있을까?

거리에서 일어나는 일은 세계의 바다와 연결되어 있어요. 사실은 이렇습니다!

남아메리카의 남부 해안가 엄마아빠 마젤란펭귄이 새끼들에게 줄 먹이를 찾으러 바다로 나갔어요.

바람과 해류는 영양이 풍부한 차가운 물을 수면으로 올라오게 하고, 그것은 플랑크톤의 먹이가 되지요.

플랑크톤이 많으면, 플랑크톤을 먹는 물고기와 무척추동물들이 늘어나요.

펭귄은 물고기를 잡아서 새끼들에게 먹여요.

한편, 하늘에서는 이산화탄소는 태양에서 오는 열을 가두어, 지구를 따뜻하고 편안하게 해주는 기체예요.

하지만 전 세계의 자동차와 발전소는 자연에 필요한 양 이상의 이산화탄소를 하늘로 뿜어내요.

대기 중에 이산화탄소가 많아지면 태양열을 더 많이 가두기 때문에 바닷물의 온도도 점점 높아져요.

기후 변화가 물고기의 양을 수시로 변하게 만들어요. 마젤란펭귄은 먹이를 찾는 게 더 힘들어졌어요.

과학자들은 어른펭귄이 먹이를 찾으러 멀리까지 다니다보면, 그 사이에 새끼펭귄이 굶어 죽기도 한다는 사실을 알아냈어요. 아, 안 돼!

한편 각 나라 정부는 사람이 고기를 잡을 수 없는 구역을 정해서 바다 새와 다른 해양 동물을 보호해요. 국립공원처럼 바다의 보호구역은 바다 서식지를 보존하는 데 도움이 돼요.

우리가 사는 동네 잠깐만, 우리와 자전거도 도움이 될 수 있어요!

자전거는 이산화탄소를 조금도 내놓지 않아 전혀 대기를 오염시키지 않아요. 우리의 건강에도 좋고 환경에는 더욱 좋아요. 최고예요!

사람들이 자전거를 더 많이 타게 하려고 독일과 덴마크, 콜롬비아와 네덜란드 등은 안전한 자전거도로를 만들고, 자동차에 높은 세금을 매겨요.

일본의 혼잡한 도쿄 교외에서는 지하철을 타려는 사람들이 자전거를 주차할 때 로봇 팔을 이용해요. 집으로 돌아갈 때 자전거를 다시 타지요.

다음에 자전거를 탈 때는 잊지 마세요. 펭귄들이 바다를 시원하게 해줘서 고마워한다는 사실을요!

똥도 에너지다!

음…… 좀 지저분하게 들리기는 하지만 오줌과 똥으로 에너지를 만들어요. 농담이 아니에요. 실제로 일어나는 일이고 아주 멋진 아이디어이기도 하지요!

생물가스의 힘이 지구를 휩쓸고 있어요. 유럽의 주요 도시에 있는 대규모 공장들은 수천 가구에 열과 전기를 공급하지만, 아시아와 아프리카의 시골공동체에선 대형 생물가스 설비가 등장했어요. 중국에서는 2000만 가구가 생물가스로 요리하며, 정부는 그 수를 늘리기 위해 열심히 노력하고 있어요. 유럽에서는 생물가스 자동차가 도로를 달리고 있지요. 최근 아우디 A4는 경주용 생물가스 자동차로 새로운 세계기록을 세웠어요. 시속 365킬로미터!

노르웨이에는 오수와 생선 내장에서 나온 생물가스로 달리는 버스들이 있어요.

독일의 루텐에서는 도시 전체가 쓸 바이오가스를 통합하여, 2만 5000가구에 값싸고 지속가능한 전기와 난방을 제공하는 첫 번째 도시가 되려 해요.

르완다의 감옥에서는 화장실 오물에서 나오는 메탄가스로 전기를 발전시켜서 국제 환경상을 받았어요.

우리가 해마다 변기로 버리는 오물은 120킬로미터를 갈 수 있는 생물가스를 만들 수 있어요. 똥에는 자연적으로 메탄을 내뿜는 박테리아가 있어요. 메탄은 기후 변화를 일으키는 온실가스 가운데 하나이지요.

생물-수분

똥에서 전기로! 여러분을 위해!

인도의 티루네르말라이에서는 사람의 배설물로 만든 전기로 가로등을 켜요.

똥 식 당

인도에서는 소화제라는 기계가 4인 가족의 배설물을 요리에 쓰는 가스로 바꾸어줘요.

응가로 요리한다!

아침 점심 저녁

어서오세요!

스위스에서는 450개 이상의 하수처리 공장에서 나온 메탄가스(으윽!)를 모아 생물가스(야호!)로 만들어 가정용 난방과 도시버스에 사용해요.

우리집 강아지도 에너지 보태기

샌프란시스코 사람들은 개의 배설물로 연료를 만드는 방법을 시험하고 있어요. 개똥 1톤은 2주 동안 한 집을 난방할 만큼의 연료를 생산할 수 있어요. 한 해 동안 미국의 애완동물이 내놓은 배설물 1000만 톤으로 전기를 만든다고 상상해 보세요.

코끼리도 빠질 수 없다!

동물원도 똥오줌 사업을 하고 있어요. 코끼리 한 마리는 하루에 200킬로그램 정도의 배설물을 내놓아요. 토론토, 달라스, 코펜하겐 등 전 세계의 주요 도시에 있는 동물원들은 동물들이 내놓는 배설물로 필요한 전력을 생산하고 있어요.

방귀와 트림 조심!

송아지와 양은 귀여워서 꼭 안아주고 싶지요. 하지만 그게 다는 아네요. 농장에 있는 소나 양에게 살그머니 다가가 보면 뭐가 문제인지 언뜻 냄새 맡을 수 있을걸요.

1년 동안 소 1마리가 뿜어내는 트림과 방귀에서 온실가스인 메탄이 90~180킬로그램이나 나와요. 이 메탄가스에 현재 지구에 있는 소 15억 마리와 양 10억 마리를 곱하고, 소와 양이 먹을 작물을 키우기 위해 열대우림을 벌채한 것을 더하고, 시장으로 옮기는 데 필요한 **화석연료**를 더하면 모든 자동차와 배와 비행기를 다 더한 것보다 더 많은 온실가스가 나와요.

과학자들은 고기를 덜 먹는 것이 자전거를 타는 것만큼이나 우리와 지구를 건강하게 만드는 훌륭한 길이라고 해요.

세상을 밝히는 녹색 방법 : 바람과 물과 태양과 감자

미국에서 사용하는 전기의 대부분은 석탄, 천연가스, 석유 같은 화석연료에서 나와요. 화석연료는 타면서 기후 변화를 일으키는 이산화탄소와 여러 가스를 방출해요. 하지만 훨씬 더 친환경적인 방법으로 전기를 공급할 수 있다는 좋은 소식도 있어요. 캐나다와 미국의 나이아가라 폭포 근처에 사는 사람들은 수십 년 동안 수력발전으로 가정과 직장의 불을 밝혔어요. 요즘은 더 많은 정부에서 각 나라에 적당한 전력의 원천을 찾기 위해 지역의 환경을 조사하고 있어요.

화산

아이슬란드는 뜨거운 용암에서 나온 에너지로 가정과 식당에 전력을 공급해요. 전 가정의 95퍼센트를 난방할 수 있는 뜨거운 물을 공급하지요. (따끈따끈하네!)

물

캐나다에서 생산되는 전기의 60퍼센트는 수력발전 전기예요.

태양

독일은 흐린 날이 많지만, 세계 태양 열전기의 절반 이상을 생산해요.
(썬크림을 잊지 마세요!)

바람

덴마크 전력의 5분의 1은 풍력발전기에서 나와요. 덴마크 사람들은 2분의 1 수준까지 끌어올리기 위해 노력하고 있어요.

조류

2008년은 북아일랜드와 스코틀랜드 가정에 조력발전에서 나온 전기가 공급된 첫 해였어요. 몇몇은 이것을 보고 영국을 '해양에너지의 사우디아라비아'라고 불렀다네요.

핵

프랑스는 원자력발전소에서 많은 전기를 생산해요. 다른 유럽 나라에 그 중 18퍼센트의 전력을 수출해요.

폐식용유 연료

경유자동차는 간단한 전환장치만 있으면 식용유로도 달릴 수 있어요. 전 세계의 자동차들은 패스트푸드 레스토랑에서 감자를 튀기고 남은 폐식용유를 경유 대신 주유해서 달릴 수 있어요.

알코올

스웨덴의 기차와 스톡홀름의 시내버스 4분의 1 이상이 국경에서 압수한 술로 운행해요. 하수구에 쏟아버리는 대신 공장으로 보내면, 그 술에 물과 하수와 육가공 공장에서 남은 동물 부산물을 섞어 생물가스를 만들어요. 스웨덴은 2020년까지 석유를 쓰지 않는 첫 번째 국가가 되기로 약속했어요.

에너지를 줄이는 기발한 아이디어들

"밤의 불빛들아, 잘 자!"

도시를 환하게 밝히는 불빛들이 철새들에게 길을 잘 인도해 준다고 생각하나요? 하지만 불행히도 많은 새들은, 특히나 처음 이주하는 젊은 새들은 도시의 불빛에 이끌려 길을 잃고 말아요. 수백만 마리의 새가 고층빌딩과 부딪혔죠. (이크!) 토론토와 뉴욕은 철새의 이주 시기에는 고층건물의 불빛을 약하게 해서 새들이 안전하게 지나갈 수 있게 했어요. 독일의 한 마을에선 골목길에 들어설 때 휴대폰의 신호를 받아 켜지는 가로등을 설치했어요. 다니는 사람이 없을 땐 어두운 채로 두고요. 다른 도시들도 밤의 불빛을 줄이기 위해 노력하고 있어요. 수많은 새들을 보호하고 에너지를 절약하게 해주지요.

전구를 갈아 끼우는 데 필요한 시간은?

올해 크리스마스에도 산타할아버지가 썰매를 타고 잘 찾아올 수 있도록 온갖 색깔의 LED 등을 주렁주렁 달아놓겠죠? LED 전구는 3만 시간 이상 지속될 수 있는데, 이것은 루돌프 사슴 코의 빨간 등을 갈아줄 필요가 없다는 뜻이죠. 날마다 8시간씩 불을 켜두어도 LED 전구는 10년 이상 쓸 수 있어요. 퍼듀 대학 연구자들은 최근에 절전형 형광등만큼 싸게 LED 전구를 만드는 방법을 발견했어요. 그 제품이 일단 시장에 나오면, 전구는 10년 만에 한 번씩 갈아주면 되지요.

> **질문** 전구를 갈아 끼우는 데 필요한 사람은 몇 명일까요?
> **답** 300명. 한 명은 전구를 잡고 나머지 299명이 집을 돌립니다!

최근, 많은 나라의 정부 지도자들은 전구에 관한 수수께끼를 풀려고 애써왔어요. 평범한 전구가 진짜 에너지 대식가이기 때문이죠. 전구는 전기의 95퍼센트를 열로 낭비하는데, 140년 전 에디슨이 처음 전구를 발명한 이래로 거의 변화가 없었어요.

2007년 호주에서 처음으로 백열등 사용이 금지되었어요. 5억 인구가 사는 유럽연합은 물론 캐나다와 아르헨티나도 똑같은 계획을 발표했어요. 2009년 초, 40나라 이상이 그렇게 하기로 약속했어요. 미국의 모든 가정이 전구보다 효율적인 형광등을 사용한다면, 1년에 2500만 가구 이상의 불을 밝힐 에너지가 절약될 것이며, 80만 대의 자동차가 배출하는 것과 같은 양의 온실가스를 줄일 수 있어요. 지구에 사는 모든 이들이 참여한다면, 불을 밝히는 데 쓰는 전기의 양을 거의 절반으로 줄일 수 있어요.

지속가능한 행복 연구자들을 만나보자

캐서린 오브라이언 박사
캐나다 케이프브레턴 대학

꿈꾸던 곳에서 살고 있다고 상상해 보아요. 어떤 풍경인가요? 어떤 소리가 나요? 어떤 느낌인가요? 이것은 캐서린 박사가 많이 묻는 질문이에요. 박사는 사람을 행복하게 만드는 것이 무엇이고, 어떻게 하면 지구가 감당할 수 있는 방식으로 살아갈 수 있는지 연구해요. 전 세계 사람들을 초대하여 즐거운 세상을 만드는 아이디어를 함께 나누기도 하지요.

여기에 그 대답이 있어요. →

모두가 공감하는 살기 좋은 곳의 열 가지 특징

1. 산책하거나 자전거를 타는 즐거움이 있다.
2. 평화롭다.
3. 아름답다.
4. 아이들, 어른들, 노인들의 마음에 든다.
5. 자연과 녹색 공간이 많다.
6. 누구나 환영하는 곳이다.
7. 물소리, 바람소리, 고요, 사람들 이야기소리, 새소리가 들린다.
8. 흙, 물, 꽃, 음식 냄새가 난다.
9. 편하게 쉬기 딱 좋은 곳이다.
10. 맘만 먹으면 언제든지 야영, 카누, 정원 일, 도보여행, 수영, 낮잠, 공상을 할 수 있다.

캐서린 박사가 뽑은 유쾌하고 지속가능한 공동체

"인도 라자스탄 주의 맨발대학은 '몹시 가난한 지역의 공동체가 살아갈 수 있도록 도와줄 혁신적인 교육 체계는 없을까?' 라는 질문에 대한 멋진 대답입니다. 캠퍼스 전체는 태양열 전기를 써요. 빗물을 모아 저장하고 유기농 농산물을 키워요. 대학의 의사들은 지역의 극빈층을 보살펴주고요. 다함께 힘을 모아 주민들, 공동체, 환경, 그리고 다음 세대의 행복을 지킬 프로그램을 만든 것이죠."

캐서린 박사는 처음으로 행복과 지속가능한 지구를 결합해 연구했어요. 이 새로운 연구 분야에 대해 이렇게 정의했어요.

지속가능한 행복이 뭐예요?

개인, 공동체, 그리고 전 세계의 안녕에 기여하며, 다른 사람과 환경 혹은 미래 세대의 것을 부당하게 이용하지 않는 행복을 말해요.

내가 아는 사람 중 가장 행복한 사람은 누구인가?

캐서린 박사는 학생들에게 가장 행복한 사람이 누구인 것 같냐고 물으며, 그 사람과 인터뷰를 하라고 해요. 우리에게도 똑같은 숙제를 내볼까요? 행복이 부유함에서 나오는 게 아님을 알게 될 거예요. 행복은 사랑이 가득한 관계와 의미 있는 활동들, 참된 목적의식을 갖는 것에서 나와요. 이것은 지구한테는 좋은 소식이에요. 왜냐하면 우리가 산림, 강, 석유를 그토록 빨리 소비하는 가장 큰 이유는 더 많은 물건을 얻음으로써 행복을 사려 하기 때문이에요. 그러나 행복은 결코 살 수 없어요.

기분이 뚱할 때도 행복을 연구할 수 있을까?

쉬운 일은 아니에요! 캐서린 박사는 행복을 연구하면 할수록 기분이 뚱한 것을 더 많이 알아차리게 되지만, 그렇게 멈춰 있진 않는다고 해요.
"심술이 나면 기분이 좋지 않아요, 하지만 어떤 사람들은 자기가 그렇다는 것을 알아차리지도 못하지요. 그것이 선택의 문제인 줄 깨닫지 못한답니다."

캐서린 박사가 보는 10년 뒤 미래

도시의 교통을 설계하는 기술자들은 도로의 위치가 아이들에게 어떤 영향을 주는지, 많은 사람을 행복하게 만들지 아닌지에 대해서는 거의 생각하지 않았어요. 하지만 요즘에는 운동이 부족하고 비만으로 고통 받는 어린이에 대한 관심이 늘어나고 있어요. 그래서 공공보건 전문가들이 교통회의에 참석해, 도시계획에 행복 연구를 적용시키는 예가 많아지고 있어요. 10년 뒤에는 더 많은 나라가 실질진보계수(GPI)와 같은 지표로 시민의 행복과 환경의 지속 가능성을 측정할 거예요.

우리를 행복하게 하는 것은 무엇일까요?

빗속 걷기? 썰매타기? 따스한 담요? 개를 꼭 끌어안는 것? 나비를 관찰하는 것? 잠시 걸음을 멈추고 주위를 돌아보고 즐거운 경험을 해보세요.

부자가 되면 행복할까요?

아주 단순한 생각이지요? 하지만 그게 진짜라면, 부자가 되는 것이 정말 무슨 뜻인가요? 남보다 돈이 많은 거라면, 느끼는 것보다 우리는 훨씬 더 부유할지도 몰라요. 가족이 1년에 4000달러(약 400만 원)를 번다면, 지구에 사는 85퍼센트의 다른 사람들보다 더 부자예요. 전 세계의 절반, 즉 30억 이상의 사람이 하루에 2.5달러(약 2500원) 이하의 돈으로 살고 있어요.

브리티시콜롬비아 대학의 한 연구팀에 따르면, 돈을 나누어주는 것은 자신을 위해 뭔가를 사는 것보다 훨씬 더 행복한 느낌을 준다고 합니다.

행복한 지구, 행복한 삶

전 세계의 어린이들은 행복한 지구에서 행복한 삶을 사는 법에 대해 멋진 생각을 갖고 있어요. 이 지구에서 마땅히 가져야 할 우리 몫 이상을 소비하지 않는 생활 방식을 선택하는 것도 중요한 대답 중 하나예요. 이미 피해를 입은 것을 복구하는 것도 중요해요. 2년에 한 번씩 100나라 이상에서 온 어린이 1000여 명이 한데 모여 이 문제들을 어떻게 풀지 함께 고민했어요. 그 아이들 중 하나가 펠릭스 핑크바이너예요.

펠릭스는 2008년 아홉 살 때, 독일을 위한 나무심기운동을 시작했어요. 2009년 말 즈음, 독일의 500개 이상의 학교에 다니는 어린이 수천 명이 100만 그루의 나무를 심었어요. 펠릭스의 다음 목표는 지구의 모든 나라에 100만 그루씩 나무를 심는 거예요. 하지만 펠릭스가 진짜로 관심 있는 것은, 사람들이 나무에 관심을 가져 기후 변화와 탄소배출무역 같은 보다 복잡한 문제를 알게 되는 것이에요.

푸르른 도시 쿠리치바

브라질의 쿠리치바 주민들은 1500만 그루의 나무를 심어서 도시를 푸르게 했어요. 물길을 새로 만든 공원의 호수로 흘러들어 가게 해서 홍수문제도 해결했고요. 가난한 사람들이 공원을 청소하면 돈을 주고, 재활용 쓰레기를 가져오면 버스표나 지역 농장에서 나온 달걀, 우유, 오렌지, 감자 등으로 바꾸어주었죠. 쿠리치바는 쓰레기의 3분의 2를 재활용해요. 재활용률이 가장 높은 도시 중 하나예요. 건물을 지을 때 녹지대가 있으면 세금을 줄여줘요. 자전거도로와 많은 사람이 이용하는 버스가 온 도시를 연결시켜줘요.

쓰레기 0, 탄소 0에 도전!

영국 런던 교외의 생태마을인 베드제드처럼 새로 만들어진 지역사회가 세계의 여기저기서 등장하고 있어요. 하나에서 열까지 하나뿐인 지구를 위해 계획된 특별한 곳들이에요. 식탁에 오르는 음식에서 직장의 위치까지, 모든 것이 지속가능하고 온실가스를 배출하지 않게 만들어졌어요. 세계에서 가장 큰 생태도시인 마스다르 시는 아랍에미리트연합에서 건축 중인데, 최초의 쓰레기 제로, 탄소 제로 도시가 될 거예요. 밴쿠버 시는 사람들이 모여 사는 고밀도 주택지를 건설해서 생태발자국을 줄이고, 공원이나 어린이집, 극장, 스포츠센터와 직장에 걸어가기 쉽게 만들었어요. 전 세계의 과감한 지역사회들은 지속가능한 삶이 바로 현관문 앞에서 어떤 모습을 띨지 상상하고 있으며, 실제로 희망적인 결과를 낳고 있어요!

행복한 지구에서 행복한 삶을 살기 위한 우리의 꿈은 무엇인가요?

석유와 가스가 준 에너지 덕분에 인간 사회는 지난 세기 동안 그 이전 1만 년 동안보다 더 많은 변화를 일으켰어요. 석유가 줄어들고, 기후가 변하고, 환경 문제가 일어나면서 우리는 지구가 지탱할 수 있는 방식으로 사는 법을 좀 더 연구하고 만들어내야 해요. 지구의 앞날을 위해 전쟁과 핵무기를 상상하나요? 아니면 앞마당에 잔디밭 대신 텃밭을 일구는 단순한 것을 떠올리나요? 에어컨 대신 나무를 심고, 난로 대신 태양열로 따뜻하게 데우는 집? 야생 동물과 함께 살 수 있으면서도 농사를 지을 수 있는 새로운 방법을 생각하는 건 어때요?

지금 무엇을 꿈꾸고 어떻게 그 꿈을 실현시킬지 생각하는 것은, 다음 세기에 우리 지구가 어떻게 될지에 대해 어마어마한 영향을 미칠 거예요. 초등학생이 어른이 될 무렵, 북아메리카의 빌딩 절반은 그 초등학생이 태어난 이후에 지은 것들이 되겠지요. 중국은 다음 12년 동안, 아메리카 대륙 전체에 맞먹는 가정집과 사무실, 건물 공장들을 세울 거예요. 기후 변화 전문가인 할 하비는 이렇게 말해요.
"어리석은 빌딩들을 짓지 마라. 덴마크의 코펜하겐처럼 에너지 효율적인 공동체를 만든다면 우리는 승리할 것이다."

희망을 가지세요, 행복한 삶을 만드세요.

이 책을 마무리할 때가 되니 아쉬워요. 책을 쓰는 일이 무척 즐거웠거든요. 솔직히 말하면, 글을 쓰면서 늘 행복했던 것은 아니에요. 끔찍한 전자쓰레기나 플라스틱 오염을 조사할 때는 우울하기 짝이 없었어요. 하지만 진짜로 기운이 나기도 했어요. 긍정적인 변화가 전 세계에서 일어나는 걸 알게 되었어요. 새로운 기술을 개발하면서 세상을 변화시키고 있어요. 똥에서 에너지를 만드는 걸 생각해 보세요! 전자쓰레기를 줄이기 위한 유럽연합의 법안처럼 법을 통과시켜 세상을 변화시키고 있어요. 지역요리사 루크는 지역농업을 살리기 위해 애쓰고요. 우리 모두는 자신과 수백만 다른 종들의 행복한 삶을 만들기 위해 끊임없이 선택하며 살아야 해요.
자전거를 타라. 물건을 나누어라, 바깥에 나가 놀아라. 고기를 줄여라. 바보가 되라. 더 많이 놀아라. 아주 작은 것이라도 문제가 된다면 바꾸기로 약속하라. 휴대전화를 재활용하라. 계속해서 놀아라.

줄여라. 다시 상상하라. 즐거워하라!

늘 행복하기 위한 옐린의 조언

- 상상하고 창조하고 놀기 위한 시간을 많이 만든다.
- 되도록 많은 것을 배운다. 다음날 다시 반복한다!
- 하나뿐인 지구를 위한 생활을 하고, 가족과 친구에게 도와달라고 부탁한다.
- 친구한테 하듯이 나에게 친절하라.
- 슬플 때면 내가 사랑하는 것들을 칭찬하라.
- 내가 관심 있는 것을 분명히 밝히고, 용감한 자신을 자랑스러워하라.

찾아보기

GPS 37, 44
LED 49, 59

ㄱ
가스 58, 63
거대농장 22
고래 13, 21, 37, 38, 39, 45
고릴라 5, 42, 43
곤충 5, 23, 28, 31, 32
공동체 23, 56, 60, 63
공정무역 43
교통 49, 61
그늘 경작 25
기름 7, 21
기후 변화 4, 25, 39, 55, 56, 58, 62, 63

ㄴ
나무 15, 18, 23, 24, 25, 29, 39, 51, 62, 63
농업 21, 22, 23, 24, 25, 34, 63

ㄷ
대체 에너지 47
대중교통 47
도시 21, 24, 25, 35, 47, 49, 51, 56, 57, 59, 61, 62
도시 농업 24, 25
돈 7, 23, 28, 29, 41, 61

ㄹ
라이프스트로 35
로컬푸드 23

ㅁ
메탄 56, 57
면 8, 10, 11
멸종 37, 38, 45, 46, 50

물 8, 9, 11, 14, 19, 22, 23, 25, 28, 29, 34, 35, 38, 44, 45, 46, 54, 55, 58, 60, 62
물고기 13, 15, 22, 25, 31, 38, 54, 55,

ㅂ
바다 13, 15, 17, 30, 38, 39, 44, ,45, 54, 55
바이오가스 56
박테리아 41, 56
벌 9, 24, 31, 32, 33
비디오게임 37, 39, 40, 41, 42, 43, 45, 46
비료 8, 9, 22, 51

ㅅ
사우스 업 지도 44
사이버 혁명 37
산업화된 농업 22, 23
살충제 8, 22, 33
새 22, 23, 25, 45, 55, 59
생명빨대 35
생물가스 56, 57
생물다양성 23, 45
생체모방 18, 19
생태경제학 28, 29
생태계 23, 29
생태도시 62
생태발자국 31, 46, 47
서식지 9, 12, 18, 23, 29, 35, 55
석유 7, 8, 14, 15, 21, 22, 35, 58, 61, 63
수직 농장 24
수확 8, 11, 23, 24
숲 12, 18, 23, 25, 28, 29, 39
식물 5, 9, 18, 23,25, 30, 32, 33, 39, 50
신발 17, 31, 52
실질진보계수 61
쓰레기 15, 16, 17, 18, 28, 37, 40, 41, 62, 63

ㅇ
아힘사 31
에너지 9, 15, 18, 41, 46, 47, 49, 50, 51, 52, 53, 56, 57, 58, 59, 63
열대우림 23, 24, 25, 42, 44, 46, 57
온실가스 15, 25, 47, 56, 57, 59, 62
옷 7
유기농 9, 10, 22, 23, 60
유니세프 35
유전자 22
유해 폐기물 11
음식 11, 12, 15, 16, 21, 22, 26, 27, 28, 30, 31, 32, 34, 46, 53, 60, 62
이산화탄소 25, 46, 54, 55
인공위성 23, 38, 44
일곱 세대 생각 40, 46
일자리 41, 52

ㅈ
자동차 9, 21, 38, 39, 44, 49, 52, 54, 55, 56, 57, 58, 59
자연 5, 9, 18, 19, 23, 28, 29, 46, 54, 60
자원 28, 35, 46, 47
자전거 35, 49, 50, 51, 54, 55, 57, 60, 62, 63
작물 7, 8, 21, 22, 23, 57
재활용 11, 14, 15, 16, 17, 41, 43, 51, 62, 63
전기 자전거 49, 51
전자 꼬리표 45
전자쓰레기 37, 40, 41
전자폐기물 37
전지 51, 52
정수필터 35
지구 4, 5, 7, 8, 18, 21, 22, 28, 29, 34, 35, 37, 39, 44, 45, 46, 47, 49, 56, 57, 59, 60, 61, 62, 63
지도 22, 29, 44, 45
지속가능한 농업 22, 23
지속가능한 삶 18, 62
지역농산물 23, 26, 27

ㅊ
채소 11, 24, 25, 30
친환경 8, 9, 10, 11, 17, 43, 49, 51, 52, 53, 58

ㅋ
컴퓨터 37, 39, 40, 41, 42, 43, 45, 46, 53
콜탄 42, 43

ㅌ
탄소 9, 47, 62
탄소 제로 47, 62
탄소 중립 47
토양 9, 16, 23, 46

ㅍ
패스트패션 6
푸드 마일 21, 24
플라스틱 15, 16, 41, 51, 63
플라스틱 병 5, 14, 15

ㅎ
합성섬유 7, 8, 13, 14
해조 12, 13, 30, 31
화석연료 23, 58
화학물질 7, 9, 11, 19, 23, 33, 40
화학비료 22, 23, 25
환경 9, 11, 23, 28, 29, 35, 37, 39, 41, 55, 58, 60, 61, 63
휴대전화 41, 42, 43

이 책을 쓰는 데 지식을 나누어준 과학자들에게 고마움을 전해요. 몬터리베이 수족관의 똑똑한 사람들, Worldchanging.com의 희망 가득한 사람들, 로버트다운스쿨의 영리한 아이들에게도 고마움을 전해요. 앤디, 킵, 에스메의 멋진 아이디어들과 끊임없는 영감에 대해 포옹을 보내요.